JN335162

求人詐欺
内定後の落とし穴

NPO法人POSSE代表
今野晴貴

GENTOSHA

はじめに

今日、就職活動や転職活動をめぐる環境はめまぐるしく変化している。

経団連の方針が二転三転するなかで、説明会の開始時期は連続して変わり、昨年は、「オワハラ（就活終われハラスメント）」という新しい問題が注目を集めた。また、終身雇用制度が縮小し、一生のうちに何度も転職することも当たり前の社会になった。団塊の世代の大量リタイアによって人手不足も深刻化している。

そんななか、就職活動や転職活動をする者にとって、とても重大な問題が浮上している。それは「求人詐欺」である。一言でいえば、**日本の求人票は、どれも嘘かもしれない**のである。

私はNPO法人POSSEの代表を務め、若者から寄せられる労働相談に年間2000件以上関わっている。私は若者の労働現場の実態から、世の中に「ブラック企業」

や「ブラックバイト」の存在について警告してきた。2012年に出版した『ブラック企業　日本を食いつぶす妖怪』（文春新書）はベストセラーになり、政府も対策を打ち出しはじめた。

今、私たちに寄せられる労働相談のなかで、もっとも際立っているのが求人詐欺なのである。背景には人手不足がある。団塊の世代がリタイアし、少子化も進む。こうしたなかで、確実に企業の人手は不足している。そこで、「騙《だま》して人を集めよう」という企業が激増しているのだ。

本来であれば、人を集めるためには賃金を上げるなど、好待遇を打ち出せばよい。好条件を提示できる企業ほど、人が集まって市場で生き残る。これが市場原理のはずだ。

ところが、である。日本では、**求人票に嘘を書いても誰にも取り締まられない**のだ。ここに目をつけて、虚偽求人を乱発することで「待遇を上げずに採用しよう」という企業が無数に現れているのである。つまりは、人手不足だから「嘘の好待遇」を打ち出して採用する。こんな事態が今、日本社会に蔓延している。

たとえば、求人票に「月給30万円」と書かれていた会社に入社すると、実は「基本給15万円」で、「残業代分が15万円」。時給は最低賃金だったという事件もあった（中堅不動産会社）。しかし、この残業代がいくらで、基本給がいくらかという内訳は、求人票にも一切書かれていなければ、面接でも言われていない。「入社後」にはじめて明かされる。

恐ろしいことに、このような求人詐欺に騙されて入社してしまっても、新卒や転職者は簡単に辞めることができない。なぜなら、**入社後すぐに辞めてしまうと、履歴書に傷がついてしまう**からだ。詐欺企業はそこも計算に入れて、詐欺求人を出している。

しかし、**ハローワークや就職ナビ、大学の就職課に寄せられている求人情報に嘘があったとしても、政府は一切取り締まっていない**。まったくのでたらめを書いていても、ほとんど野放しなのである。

就職にせよ転職にせよ、日本の求職者は、ブラックボックスのなかに飛び込むようなものだ。嘘か本当かわからないまま、一か八か応募してみるしかない。もはや、「市場」や「契約」が成立していないといっても過言ではないだろう。

だが、残念ながら、大学の教職員も、マスコミも、就職ナビサイトの担当者たちでさえ、この求人詐欺についてはよく理解していない。なぜなら、求人詐欺は、「内定後」に表面化するからだ。

意外に思われるかもしれないが、大学や行政、就職ナビサイトなどの就職活動の関係者は、内定まではサポートをしてくれるのだが、**内定の後はほとんどノータッチ**なのである。だから、内定後の問題がこれまではほとんど見過ごされてきた。以前から存在したオワハラもこうして見過ごされてきた問題の一つだった。

本書で読者の皆様に伝えたいことは簡単だ。

きちんとした見分け方や対処法を知っていれば、詐欺企業の手口に対応することができる。本書を使い、詐欺企業に負けないノウハウを身につけてほしい。

この一言につきる。

本書では実例を示したうえで、求人詐欺の見分け方や実態、対処法を詳しく解説していく。特に、内定をとってこれから入社する方は、対処法だけでも読んでいただきたい。**騙された後でも、対処の仕方次第で被害を回復できる方法があるからだ。**

また、本書ではオワハラへの対応方法も提示する。さらに、求人詐欺が多い業界の背景事情についても紹介し、**「求人詐欺の業界地図」**を示したいと思っている。就職や転職活動においても「業界研究」は盛んに行われているが、求人詐欺も業界の事情と無関係ではないし、その背後事情を知ることは会社選びのうえでも大切だからだ。

もちろん、本書で紹介する業界の企業がすべて求人詐欺を行っているというわけではない。だが、それぞれの業界事情を見ていくと、ブラック企業が求人詐欺を行うわけがよく理解できるだろう。そうした知識も、詐欺企業と闘うための武器になる。

求人詐欺に騙されて就職・転職すれば、学生や転職者は一生のキャリアを棒に振ることにもなりかねない。もし騙されてうつ病になるまで働かされてしまえば、親や家族にとっても大変つらい経験になってしまう。

就職活動のリスクを回避し、もっとも合理的な就職・転職活動を実現するために、ぜひ本書を利用してほしいと思う。

求人詐欺

内定後の落とし穴

目次

2 こんな求人票がアブない

4 求人詐欺の対処法

対処法1 給与の水増しがわかったら

5 オワハラに負けるな

6 なぜこの業界は、労働者騙しが横行しやすいのか

7 日本の労働市場に求められる新ルール

装丁◎デジカル（萩原弦一郎、戸塚みゆき）
本文デザイン・図版・DTP◎美創

1

求人詐欺
典型的な6つのケース

本章では、横行する「求人詐欺」の実例を見ていこう。

ここであらかじめ伝えておきたいことがある。この章に登場する事例は非常にひどい内容だということだ。こうした実態を知って、就職そのものが怖くなってしまう方もいるかもしれない。だが、それでは本末転倒だ。本書の目的は「求人詐欺」の恐ろしさを伝えることではない。**詐欺企業に負けない力を一人でも多くの人に届けること**こそが、私の意図することなのだ。

本書の後半では、見分け方や対処法もしっかりと解説している。だから安心してほしい。実態がどんなにひどくとも、それに対応する手段はあるのだから。

はじめに紹介するのは、従業員1万5000人以上という大手住宅メーカーのケースだ。誰もが知る大企業にもかかわらず、求人情報にどのような問題があったのだろうか。

事例 1

優良企業も油断できない。隠されていた「みなし労働時間制」

大手の安心感から就職したのだが

関東の国立大学の学生だったAさん（男性）は、4年生の7月頭になっても内定が決まっていなかった。第一志望は商社だったが、内定はとれなかった。焦ったAさんは、インターネットで見かけた「住宅メーカーはまず落ちない」という情報を思い出し、押さえのつもりで、大手住宅メーカーを7～8社受けることにした。『就職四季報』（東洋経済新報社）を見ても、住宅メーカーは各社とも年収は決して低くはなかった。

ほぼ同時に応募したなかで、真っ先に内定が出たのがこの会社の営業職だった。ウェブ上の筆記試験、合同面接、個別面接、筆記試験を経て、9月頭には内定をとることができた。他の大手住宅メーカーも選考はいくつか進んでいたが、断ってここに就職することに決めた。何よりも、有名な大企業であることが決め手だった。

求人情報に書かれていなかったこと

この会社の労働条件について、Aさんは実は就職活動中も気になっていることがあったのだが、積極的に口にすることはなかった。面接で聞いたら落とされると思っていたし、どの就活本にも「質問してはいけない」と書いてあったからだ。それよりも、採用してほしいという気持ちばかりが先立ち、企業理念や会社の強みといった面接に使えそうな情報しか頭に入らなかった。

当時の『就職四季報』でこの住宅メーカーのページを見ると、年収やボーナスは掲載されている。だが離職率については、大手住宅メーカーに限っても他社の多くが表示しているにもかかわらず、「NA（ノーアンサー）」とあった。他の情報も、他社に比べてNA回答が目立った。この会社のホームページの採用情報や、リクナビやマイナビに掲載された情報も、十分なものではなかった。これは2016年掲載のものでも変わらないが、たとえば次のようなものだ。

勤務時間は9~18時。給与欄には「時間外手当（技術職・技術職・地域勤務職）」

「業績手当（営業職）」という表記がある。素直に読めば、営業職には「時間外手当」が払われず、「業績手当」がつくということになる。労働者には、原則として時間外手当（残業代）が支払われなければ違法になってしまうが、なぜ営業に残業手当がないのかの説明はない。時間外労働（残業）が一切ないから、ということは考えにくい。しかし、当時のAさんは、年収やボーナス以外の情報の欠落について、ほとんど気にしなかったという。

翌年4月の入社式。契約書を交わす段階になって、総務課の担当者から気になる説明を受けた。「営業職は残業代が出ない」という。受け取った就業条件通知書（実質的な「契約書」である）には、「事業場外みなし労働時間制」と記されていた。他部署と違う勤務体系である代わりに、営業には「業績手当」がつくのだという。ホームページや面接、内定式と、就職活動を通じて一度も見たことも聞いたこともない制度だった。

だが「営業はこういう契約だ」「世の中の営業は全部そうなんだ」と教えられ、Aさんは素直に納得した。まさか大企業が違法行為を働いたり、情報をごまかしたりしているとは思いもよらなかったからだ。

入社直後の研修で植えつけられる隷属意識

入社後に待ち受けていたのは、長期にわたる断続的な研修だった。3ヵ月の間に、5日連続で研修施設に泊まる合宿が、計5回行われた。1日目は早朝からはじまるため、前泊しないと間に合わない。研修前日の昼頃には全員集合して移動し、前泊するために施設に向かった。この日は無給だった。

勤務時間は9～18時までのはずが、研修中は早く終わっても23時、遅い日は午前2～3時になった。残業代も出ない。研修では、社訓を覚えたり、あいさつ訓練やマナーの講義のほか、自社の歴史や商品知識を学習し、発表するというプレゼンの課題があり、準備のために深夜まで作業せざるを得ない。

学習内容のテストも行われ、成績が悪いと「やる気がないからだ」と参加者の前で上司に叱責され、迷惑をかけたことをみんなに謝罪させられる。「迷惑」というのは、朝にこの叱責時間が設けられるため、研修プログラムの時間全体が繰り下げられ、終了時間が深夜にずれ込むからだ。しかし、テストの成績が低い順から下位10人くらいが毎回責められるため、プログラムの遅延も、実際はあらかじめ織り込み済みなのだった。Aさんは就職を後悔しつつも、「研修はあえて厳しくやっているんだから」と自分に言い聞かせ、耐えていた。

3ヵ月の研修が終わり、部長の「よく乗り越えた」というスピーチを聞いたとき、Aさんは感動したという。一方、この研修の期間中、Aさんと違う部署の新人はすでに何人も辞めていた。上司がAさんの部署に対して「今年の新人は残ってるからまだ優秀」と言っていたことを、Aさんは覚えている。

自衛隊研修による権利意識の剥奪

7月に正社員に本採用となったが、また研修が待ち構えていた。陸上自衛隊の駐屯地での研修だ。

自衛隊員と同じ迷彩服に帽子とブーツを装着し、行進や敬礼、隊列の組み方、声出し、腕立てふせ、腹筋、ランニング、懸垂、ボール投げ、匍匐《ほふく》前進、自分の部屋がある7階まで走るなどのプログラムをこなした。移動はすべて全速力で、入浴までも走らなくてはいけない。風呂に入っても、部屋に戻ればまた汗をかく羽目になった。朝は5時50分起床。急いで着替えてベッドメイキングを行い、整列して点呼をとり終わるまでを10分で済ませ、自衛隊の上官に報告しなければならない。

実はAさんは、この研修の参加前から風邪を引いており声も出ないほどで、咳《せき》や痰《たん》、鼻水の症状もひどかった。会社にそのことを告げると、「無理しなければいいだけだ」「(出ないなら) 欠勤扱いにするよ」と言われて仕方なく参加した。しかし、結局、2日目の夜に動けないほど症状が悪化し、リタイアすることになった。上司からは「欠勤扱いにするから帰れ」と言われた。もともと膝の悪い同期もいたが、彼は歩けなくなって救急車を呼ぶことになり、その後も足をひきずる後遺症が残った。他にも、3~4人がケガや病気でリタイアしていた。

夜は座学で自衛隊の歴史を学び、早朝から夜20時まで研修は続いた。もちろんこれにも残業代は出ない。しかし、すでに「残業」などという概念は、Aさんから失われていた。就職のときの説明内容はおろか、その後に一方的に結ばされた「みなし労働時間制」ですら、完全に頭から吹き飛んでしまっていたのだ。

長時間労働の常態化

こうした長期の研修が終了して、ようやく営業職の通常業務がはじまった。住宅展示場の案内や飛び込み営業などの仕事が中心だった。新人は年間3棟を販売することがノルマとされた。チラシを1日1000枚配ることや、飛び込み営業を1日最高500〜600件求められることもあった。達成しないと、社内で繰り返し圧迫を受けることになる。友人や家族に営業するようにも強いられていた。

勤務時間は、求人情報通り9〜18時で定時で帰れるときもあったが、ほとんどは朝8時から21〜22時くらいまで働いていた。外回りの営業を終えて17〜18時くらいに帰社すると、電話営業が待っている。イベント開催日は、朝6時半から21時まで、客がいたら22〜23時まで働く。残業中は、「証拠の隠滅」のためなのか、会社はパソコンの電源を落とすことになっていた。

残業時間は月80時間を超えていた。休憩は決まった時間ではなく、多くても1日平均30分ほど。もっとハードに働く上司からは、「2日間は、寝なくても食べなくても大丈夫」と言われた。休日出勤もあった。

Aさんは、営業中の車中や、社内のトイレで睡眠不足を補っていたが、次第に手足がしびれるようになってきた。脱水症状で病院へ運ばれたこともある。

これほどオーバーワークでも、賃金は、基本給約20万円の固定で、手当が約3万円ついているだけ。有給休暇はとってはいけないと上司に言われた。求人情報とはかけ離れた実態だったが、それを思い出す余裕もなかった。

怖くて辞められなくなっていた

だが、それでもAさんは残っていた。部署の問題はどうあれ、大企業であったし、正社員の仕事に何とか残りたいと思っていたのだ。不満を抱える同期と、いつ辞めようかと話すこともあったが、3年以内で辞めると転職で不利になるのではないかと思っていた。それ以上に、会社に対する恐怖心もあった。会社に何か楯突《たてつ》いたら逆に会社に訴えられるのではないかとも考えた。

こうして会社に縛られるなか、Aさんが一瞬、会社の異常さに気付きかけたときがあった。社外の知人の結婚式に行ったときのことだ。現状を話すと、「今すぐ辞めたほうがいいよ」と強く言われ、気持ちが大きく揺らいだのだ。だが、結局Aさんは、「適応障害」「うつ病」と診断されるまで働き続けた末に、ようやく退職することとなる。

みなし労働時間制と書いてあれば違ったのに

その後、Aさんは、労働審判を申し立て、会社側が金銭を支払う和解にこぎつけた。和解内容には満足しているが、今振り返れば、もっと求人情報を吟味しておけばよかったと後悔しているという。

そもそも、「事業場外みなし労働時間制」とは、「事業場外で労働する場合で、労働時間の算定が困難な場合に、原則として所定労働時間、労働したものとみなす制度」のことだ。要するに、労働者がどのくらい働いているかわからない場合、「このくらい働いている」と推定する制度ということだ。

「労働時間の算定が困難な場合」とは、この会社の総務担当者がAさんに説明したのとは異なり、営業であれば必ず「満たす」ものではない。携帯電話で上司から随時、訪問先などの指示を受け、その通りに業務を行い、帰社するような場合は「満たさない」とされる。

実際、Aさんたちは、上司の管理のもと、始業時に支店に出勤し、外出後は支店に戻って仕事をすることになっていた。会社から貸与された携帯電話やiPadで、支店の外でも上司と頻繁に連絡をとっていた。労働時間の算定は可能であり、「事業場外みなし労働時間制」が適用できない条件だった。つまりこの会社は、単に、時間外労働に賃金を払わない違法行為をしていただけなのだ。

会社の「みなし時間」が違法であっただけではない。もっと重大な問題がある。求人の時点で、そういう制度であることを一切伝えていなかったことだ。

もし、営業職はみなし労働時間制だと求人票に書いてあったら、この会社を就職先に選んだだろうか？　Aさんは「選ばなかったですね」と答える。「他にも会社はありましたから」。確かに、当初Aさんは、この制度の仕組みがわからなかったかもしれないが、きちんと記載されていれば、他社にはない制度に疑問を持ち、調べたことだろう。情報さえ正しく開示されていれば、こんな目に遭わなかったはずだ。

同社の手口は、新卒者の知識不足や大企業への信頼につけ込んで求人をごまかし、契約の段階で、実際には違法な制度を突然知らせて、「営業はこういうものだ」と同意させるというものだった。そして、契約内容をまったく無視した長期の研修で、働く側の権利意識を消失させる。業界を代表する有名大企業ですら、このような求人詐欺をすることもあるのだ。

事例2

良心的介護施設のはずが……高月給の内実

相場より高い給料に惹かれて入社

Bさん（女性）は、四年制大学に通っているとき、障がい者施設のボランティアに参加するなかで、障がい者の支援をしたいと考えるようになり、大学卒業後、福祉系専門学校へ進学した。1年で社会福祉士の資格を取得した彼女は、大手社会福祉法人が運営する知的障がい者入所施設に入社した。

彼女がこの会社を見つけたのは、求人サイト・マイナビだった。マイナビの求人には「大卒　21万1400円（基本給18万7400円+職務手当2万4000円）」とあった。就業時間は、通所施設が「8：30〜17：45　休憩45分」「週40時間」（ここですでに労働基準法違反の休憩時間の記載）で、彼女が勤めることになる入所施設は「シフト制」としか書かれていない。週休2日で年間125日の休日、有給休暇ありとのことだった。

彼女がこの求人に目をとめたのは、給料が高かったからだ。福祉関係の給料の相場は17〜18万円だったが、この施設は月給21万1400円。どんなところか専門学校の就職あっせん職員に聞いてみると、「知的障がい者関連で歴史も長く、ちゃんとしたところだから働いて損はないよ」とお墨付きをもらった。通っている専門学校の卒業生も就労経歴があるとのことだった。「これなら大丈夫」と安心した彼女は、この施設で働くことに決め、専門学校に通い出して3ヵ月目の7月には内定を得ていた。

求人と異なる雇用契約書の内容

入社したBさんは、施設から労働条件明示書を受け取った。そこにはあらかじめ決まっていた扶養手当1500円が加算され、賃金が「基本給18万8900円、職務手当2万4000円」とされていた。休日、就業時間については就業規則が渡されており、それぞれ「土日祝日休み」「7：30～16：30及び12：00～21：00の交代制」で、「1時間休憩」という条件になっていた。この時点ですでに、求人内容とは違うところがあったが、入社当時、彼女はそれに気をとめることはなかった。

休憩時間がない！

面接のときの好印象もあり、いい施設だろうと期待していたBさんだったが、入社後、その期待は簡単に裏切られた。

まず、つらいのは休憩時間がないことだ。契約書には「休憩1時間」と明記されていたが、実際にはなかった。施設内での各職員の1日の動きを書いた「業務遂行表」には「休憩時間30分」としか書かれていない。そもそも、法律が定める1時間の休憩が予定されていないのだ。そこに施設長の決裁印も押されていた。実際には、この30分の休憩時間すらとれなかった。休憩とされた時間は、施設外に出ることは許されず、職員が休憩をとる部屋にはパソコンが設置してあり、事務作業を行わなくてはならなかった。もちろん、賃金計算上は1時間の休憩をとっていることになっている。

休日は「ボランティア」という名目で無給労働

業務を「ボランティア」と称して働かせるのもこの施設の特徴だ。公休日に他施設の祭りのボランティアに行くよう上司から指示される。年に一度の施設の祭りの際は、担当職員全員が休みの日と合わせて、備品の買い出しが設定された。祭りの前には、就労時間外に泊まりがけで準備するのが恒例となっている。朝5時にスタートし、反省会のために終業時間も遅くなった。どれも給料ももらえず、代休もなしだった。このようなことは、求人情報にも契約書にも書かれていなかった。

残業申請は月4時間まで

さらには残業代も支払われなかった。

この施設では、タイムカードでの労働時間管理を行っておらず、残業は原則、1ヵ月前に事前申請することになっている。だが残業申請が認められるのは、月4時間まで。職員の間では、残業申請がなかなか通らないことは、当たり前のこととなっていた。「残業申請を出すのはよっぽどだよね」「もともと残ってほしいと言われていない場合しか使えない」などと同僚たちが話していたが、その通りだった。

とはいえ、やるべき事務作業は多い。個別支援計画のモニタリング、各会議の議事録作成、研修に行った際の起案書と報告書、生活介護事業の月に一度のお楽しみ会の準備など、月4時間の残業ではとても終わらない。前述の業務遂行表には、事務作業の時間が割り当てられていないから、職員は昼休みの時間を使って事務作業を毎日こなさざるを得ないのだ。不払い残業は、1日2~3時間程度になる。

奨学金のために辞められなかった

求人と異なる過酷な条件に、彼女は退職することも考えた。しかし簡単には辞められない事情があった。それは奨学金だ。専門学校に通っていた際、彼女は、東京都社会福祉協議会 介護福祉等修学資金貸付事業を利用した。その額は1年間の学費の7割にあたるおよそ100万円だ。この奨学金は、福祉施設で継続して5年間働くと免除されることになっている。決して裕福とは言えない家庭の彼女にとって奨学金は大きな問題だった。つらくとも辞めるに辞められないのだ。

事例3

店長候補で入ったら「固定残業代制」で最低賃金に

求人では「月額20万円」、しかしその内訳は

四年制大学を卒業し、大手コンビニとフランチャイズ契約をして15店舗ほど運営し

ている会社に、正社員として就職したCさん（女性）。有名コンビニチェーンの正社員のため、安心だと思っていた。

この求人は、中小企業専門の大手求人サイト「スカウトサービス」を利用して見つけた。「スカウトサービス」は自分の職務経歴や、希望条件、語学力などを匿名で登録し、企業がその内容を見て求人条件に合った人に直接メールを送る仕組みになっている。メールを送ってきたその会社の求人票では、

「月額20万円　1日8時間のシフト制　年間休日は105日」

となっていた。基本給に残業代も上乗せされれば二十数万円稼ぐことができ、新卒の相場と比べても条件は悪くない。こうしてCさんはこの会社に入ることを決めた。

ところが、入社直前の2月半ばに渡された「採用内定通知書」には、賃金に関して、求人の「月額20万円」から大きく変わって、

「基本給15万円　営業手当A　2万円　営業手当B　3万円」

と書かれていた。後でわかることだが、この会社の言い分では、賃金体系は典型的な「固定残業代制」をとっており、いくら残業をしても、残業代が会社から支払われ

ることは一切なかった。求人票に書いてあった月給には、あらかじめ残業代が含まれているというのだ。

しかも契約書には、「残業手当」について明確に書かれていない。「営業手当A」や「営業手当B」が何に相当するかもはっきりしていない。あえて内実がわからないように記載している。

つまり、この会社ははじめから「月額20万円　1日8時間のシフト制　年間休日は105日」で人を雇う気はなかったのだ。しかし、なかなか内定が出ないまま大学4年生の1月を迎えてしまっていたCさんにとっては、やっとのことで決まった会社である。今さら内定を辞退することはできなかった。3月からは、内定者研修の位置付けで、アルバイト勤務を開始する予定だったことも、内定を辞退しづらくさせていた。

過酷な長時間労働に、自腹購入まで要求された

Cさんは同社が運営するコンビニの「店長候補」として採用されており、他店での研修を経て、5月から都内の店舗に配属された。仕事内容は、レジや品出し、商品発

注などで、従業員はCさんと店長の他は全員がアルバイトだった。店長の上には数店舗を統括するエリアマネージャーがいたが、彼は週に3回程度、店舗に応援にくる程度。この店舗はオフィス街にあり、主婦パートや学生アルバイトがなかなか集まらず、常に人手不足となっていた。

人手不足の穴を埋めるため、Cさんは長時間労働に苦しめられることになる。求人や内定の段階では、1日8時間のシフト制とされていたが、実際には毎日8時から22時まで、14時間働いていた。シフトの穴を埋めるのは、店長とCさんしかいなかったからだ。休憩は昼と夕方で計1時間あることになっていたが、とくに昼は忙しく、昼食をとるのがやっとであり、ほとんど休憩をとることはできなかった。休日も週2日とることは難しく、年間休日105日など到底届かないペースだった。

Cさんは毎日23時頃に帰宅。24時過ぎに寝るが、翌朝6時には起きて出社しなければならない。週1日の休日は寝ているだけで終わった。計算すると、月に100時間以上残業していたが、前述した通り残業代は一切払われなかった。

そのうえ、季節物商品の「自腹購入」も要求された。自腹購入とは、店舗の売上を少しでも上げるために、自店舗の商品を自分で購入することであり、コンビニをはじめ多くの業界で広がっている。無理やり給料から天引きするケースもあれば、売上ノルマを課され、それに足りない分を〝自発的に〟買わせる場合もある。Cさんの場合は、「母の日ギフト」を2件買うよう店長から直接言われた。買う必要性が自分にないことを伝えても、「お母さんやおばあちゃんに買えばいい」と言われ、結局4000円分の入浴剤を購入。こうした指示は店舗によっては社員にだけでなく、アルバイトにもなされていたという。

辞めたいのに辞められない

このような労働環境のなかで、Cさんは立ちくらみが増え、レジの裏でしゃがみ込んだり、休憩室で休んだりすることが多くなっていった。持病の腰痛も悪化したため、店長に辞めたいと申し出た。店長は「辞めたほうがいい」と理解を示してくれた。

しかしその後、社長とエリアマネージャーとの三者面談が行われ、「そう簡単には辞められない」「店長候補として採用したのに、なぜ辞めるというのか」と言われた。

結局、3日間の休みをとり、シフトの時間も短くしながら様子を見ることになり、その場では辞められなかった。Cさんが別の社員から聞いた話によると、この会社では退職の意思を示した社員に対しては、必ず三者面談が設けられ、説得が行われるという。過去には、それで退職まで半年かかった人もいるらしい。

納得いかない気持ちも強かったが、慢性的な人手不足のなか、自分が退職することによって、自分以上に働いている店長や他のアルバイトへしわ寄せがいってしまうことを考えると、Cさんはそれ以上、反論することができなかった。

最終的に、アルバイトが急遽《きゅうきょ》欠勤しその穴埋めをする不規則な勤務や、長時間の勤務でも手取りの給与が上がらない状況は変わらず、Cさんの心身は限界を迎えていく。最寄り駅まで歩くこともままならなくなり、母親に車で送迎してもらうまでになってしまった。入社時に比べて体重が7キロも減り、これまで着ていた服もぶかぶかで着られないほどであった。見かねた母親に相談機関への連絡を勧められ、Cさんは心療内科を受診。医師から「心身症」の診断を受け、1ヵ月間休職することになった。

その後、無事に退職することはできたが、退職後も倦怠《けんたい》感が続き、不眠症状が出ている。失業期間が長くなると転職に不利だとわかりつつも、この会社の件が思い出されて二の足を踏んでしまう。「何の情報を信じて仕事探しをしたらいいのかわからない」と、Cさんは話している。

事例 4

急成長中のゲーム会社。普通の労働環境を求めるのが無謀!?

入社から研修までに問題は一応なし

大学院で自然現象再現のプログラムを作っていたDさん（男性）がこの会社を見つけたのは、2014年1月初旬に大学で開かれた集団説明会だった。3Dの技術が生かされ、テレビ放送にも関わり、ゲーム開発もしているこの会社であれば、自分のやりたいことができると考えた。Dさんは説明会が終わってすぐに、民間の大手求人サイト「リクナビ」を通じて応募した。面接と適性検査を一度ずつ受け、二次面接に臨むと、急にそれが「最終面接だ」と言われ、面接の後に即採用となった。

求人の段階で見た求人票には、

「給料21万円（裁量労働制）賞与あり」

と書かれていた。Dさんは、この会社が東証一部上場企業の子会社であるのに加え、新卒としては十分な労働条件を魅力に思い、入社を決断したという。

4月の入社式の次の日には新人研修について説明があり、早速2ヵ月間の研修がはじまった。だが研修らしきものは1～2回のマナー講習だけで、Dさんはすぐに企業向けの3DCG作品の作成をする部署に配属され、即戦力として働くことになった。

契約書ではじめて知らされた「手当込み」の現実

Dさんが所属していた3DCG制作の部署には、プログラマー2人とデザイナー1人、進行管理係1人、リーダー1人の計5人がいた。リーダー以外は、新人か入社2年に満たない社員だった。作業内容はプログラミングに関することで非常に神経を使う精緻な作業であるうえ、平均して月に40～50時間の残業があった。納期前など忙しい時期は朝10時に出社、会社を出るのが22時を連日超えるようになっていた。休日は基本的に週2日とれていたものの、給与に関しては求人と大きく違っていた。

4月の終わりに交付された契約書ではじめて知らされたのだが、求人票にあった「21万円」には、月50時間分の深夜手当相当額と、月24時間分の休日手当相当額が含まれており、残業代がプラスされることはなかった。また、先輩の話によると、出ると言われていた賞与も出ないことが多いというのだ。

突然聞かされた会社分割

そんななか、6月に急に会社が分割される話を聞かされる。分社の話はDさんが入社する前からあったようだが、Dさんにそれが知らされたのは、分社するほんの数日前であった。Dさんとしては分社前の会社に残りたかったが、話を聞いた当日に同意書を無理やり書かされ、別会社に移ることとなった。分社した後の新しい契約でも、書面上、業務は以前ととくに変わりはなかった。

会社は、Dさんを採用する時点ですでに分社化を決めていたはずで、不安定な身分に追い込まれることを隠して採用したのだ。契約の一方的な変更によって、Dさんは先行きが見えなくなり、体調を崩すようになっていた。7月には、病院で「適応障害」で「うつ状態」と診断されてしまった。

事例
5

プレミアム優良求人認定のエステ会社は悲惨だった

安心して働けると思った「プレミアム優良求人」企業

既卒のEさん（女性）は、もともとマッサージをしてもらうのが好きだったことと、手に職をつけたいという思いがあり、エステの仕事に興味を持った。美容専門学校に通い、求人サイトで仕事を探していたところ見つけたのがこの会社だった。

エステ業界で働くことがはじめてだったEさんは、エステ業界専門の求人サイトを利用して職探しをしていた。「2004年から運営された老舗《しにせ》サイトなので、安心してご利用いただけます」と謳《うた》っていたこのサイトをEさんは信頼し、活用することに決めた。そしてこのサイトのなかでも、同社は「プレミアム優良求人」との認定を受けており、求人条件も他社に比べて好条件が揃っていた。

実務経験がない転職者のEさんが、この会社の求人でまず惹かれたのが、「未経験者にも手厚い研修制度」。自社スクールも開校し、「未経験者でも一生ものの技術が身につく、将来の独立やスキルアップにもつながる」と書かれていた。

求人によれば、労働時間は「シフト制　実働8時間」。「過重労働が噂されるエステ業界のなかで、負担が少なくよい職場なんだな」とEさんは思った。給与は「月給18万~28万円+諸手当+能力給+歩合給」とあり、他と比較しても高水準。「有休消化率100%」という記載も、他社にはない魅力的な点だった。

面接、研修でのいくつかの違和感

求人サイトの「プレミアム優良求人」の認定から「長く続けられる会社だろう」と信頼し、Eさんは求人に応募をした。応募をした翌日に会社からすぐ連絡があり、その翌日には面接を行うことになった。

面接では、「なんとしてもこの会社から内定を得たい」という気持ちがEさんにはあったため、とくに労働条件について自分から深く聞かなかったが、会社から伝えられたことには違和感を覚えるものがいくつかあった。

まず、採用担当者からは「研修期間中は給与も交通費も出ません」と伝えられた。また「最初は基本給15万円になります」とも言われた。しかし、当時のEさんは、「エステ業界の下積みのときはこういうものなのかな。給与もすぐに求人通りの基本給18万円に上がるだろう」と会社を信じていた。面接の場でそのまま採用になり、その翌日から研修に入ることになった。応募してからたった3日で研修がスタートするという速さであった。「人気のあるはずのプレミアム優良求人なのに、こんなにすぐに採用されるものなのか」と、Eさんは少し驚いた。

研修がはじまると、すぐに求人と違う状況に遭遇した。研修は、朝10時から夜20時前後までの勤務が週5日というもので、最初から残業をすることになった。また、研修といっても、実際には、施術方法が手書きで簡単に書かれたA4用紙1枚の「マニュアル」を渡され、顧客がいない空き時間に上司から軽く教わる程度。研修中で技術が身についていないにもかかわらず実際に顧客へ施術をすることもあり、戸惑うことも多かった。自社スクールなどそもそも開校しておらず、「未経験者歓迎の充実した研修制度」は期待はずれのものだった。

勤務時間がコロコロ変わっても「シフト制」?

こうして約1ヵ月間の研修期間を経て、セラピストとして正式にデビューすることになったが、そこで会社に対する不信感は確信に変わることになる。朝9時半頃から22〜23時頃までの勤務が当たり前。実働は1日約12時間という過酷なものだった。

翌日の出勤時間は、予約が確定する深夜0時に上司から連絡が来るため、それまで携帯電話を手放せない。仮に午前中の予約がなく出勤する必要がなくても、急な予約にすぐ対応できるよう、携帯電話を手放さないようにと言われた。結局、自宅で待機しなければならず、常に気持ちは張り詰めていた。

休憩は30分とれればよいほうで、予約の空き時間に、昼食を流し込むように食べていた。予約次第で勤務時間はコロコロ変わり、「シフト制」とはかけ離れている。

給与も、半年経っても15万円から上がらない。この給与で時給を割り出すと、東京都の最低賃金を割り込んでいる。また、休憩時間がとれていないのに1時間分引かれていたり、残業も30分単位で切り捨てて計算されていたりするなど、賃金の不払いも多かった。福利厚生も充実していると求人では謳っていたが、社会保険さえ加入させてもらえなかった。

体調を崩し退職へ。正社員になるのが怖い

働きはじめて5ヵ月後、とうとう体調を崩すようになっていく。年始も2日から働いていたが、疲労から頭痛や吐き気をもよおした。その後も仕事にならない日が続く。朝起きると気持ちが悪く、何回か上司に休めないかLINEで相談したが、そのLINEへの返事はなかったり、あっても「お客さんいるから来て」というものだったりした。限界を迎えたEさんは、上司に頼み込んで病院に行き、医師からも休むよう指示を受けた。しかし上司に「お客さんはどうするの」と問い返され、出勤を続けざる

を得なかった。

最終的にEさんは心療内科を受診。「適応障害」と診断されて自宅療養の診断書が出たことで、やっと休職を認められた。その後すぐこの会社を退職することにした。

Eさんは現在もエステ業界で働いているものの、非正規のアルバイトを掛け持ちしている。その理由は「正社員で働きはじめて、またブラック企業でなかなか辞められないのが嫌だから」だという。生活が苦しいなか、「今度こそは条件のよい正社員の仕事を」と求人のチェックを続けているが、なかなか応募に踏み切れていない。

事例6

有名外食チェーン店の長時間労働は想像以上

「残業代もしっかり払う」と言われたのに

社会人になってから飲食店を数社渡り歩いてきたFさん（男性）は、求人での好条件に惹かれ、飲食店の「店長代行」を募集していた会社へ応募した。同社は、大手飲食店のフランチャイズ店を十数店舗ほど経営し、アルバイトを含めた従業員は約400名に及ぶ企業であった。店長代行の仕事は、店長を補佐し、店舗業務全般を担う責任のある仕事。「これまでの経験を生かした仕事ができる」とFさんは考えた。

Fさんが同社のネット求人を見てまず目にとまったのは、「月給26万円」「実働8時間」という好条件だった。とくに賃金が「26万円」に達するのは魅力的に映った。同じ賃金水準の仕事を転職サイトで探すと、「歩合制の営業職」や「独立志望のラーメン屋店長」など、「本当にその金額が払われるのだろうか」と疑問に感じさせるものが多かった。そのなかで、大手チェーン店の月給制の正社員採用は信用できると思ったのだ。

さらに、会社の幹部と面接する過程で、Fさんの期待はさらに膨らんだ。会社幹部の「うちは残業代もしっかり払う」という発言は、これまで飲食業界のサービス残業等の被害に遭うこともあったFさんにとって、入社を希望する大きな動機になった。

後日、届いた採用通知を家族とも喜び合い、「昨年生まれた子供のためにもよい環境で長く働ける」と、Fさんは心弾ませながら入社の日を待っていたという。

実働8時間のはずが14時間労働

だが、入社後すぐにFさんの希望は打ち砕かれた。もともと求人票では、労働時間は「14時半から24時半、休憩1時間」とあり、そのうち8時間の勤務のはずだったが、実際は、午前11時頃に出勤し、深夜1時過ぎまで働くという、過酷な長時間労働が待っていた。

まず開店前に出勤し、運ばれてくる食品の納品作業や、その日の料理の仕込みを行う。開店後は、調理や接客、売上管理等の作業に忙殺される。休憩も1時間とれることは稀《まれ》で、忙しいときはまったくとれずに深夜1時まで働くこともあった。

このような長時間労働の背景には、慢性的な人手不足があった。Fさんの店舗では、10名ほどのアルバイトが働いていたが、人の出入りが激しく、常に綱渡りのような店舗運営を強いられていた。たとえば、平日のピークとなる夜19時頃までは、ホールスタッフと、厨房内で料理を作るキッチンスタッフが、それぞれ1名しかいない状況が日常化していた。つまり、店舗をたった2名で切り盛りするのだ。もっとも辛いのは、ピーク時の前に、団体客などが来店したときだ。つねに走り回って対応しなければ追いつかず、「死にそうだった」とFさんは当時の状況を述懐する。

また、ピーク時であっても、追加されるメンバーは、ホールとキッチンそれぞれ1〜2名程度で、十分な人数とはとてもいえなかった。料理の提供の遅れによるクレーム等の責任は、Fさんに押しつけられる。何度も上司に人員補充を申し出たが、人件費抑制を理由に認められなかった。そのような環境では、必然的に一人ひとりへの負担は大きくなり、アルバイトの定着率がますます落ちる。そしてその負担はまた社員のFさんにのしかかるのだ。

ところが、驚くことにこのような環境にもかかわらず、この店舗は、フランチャイズ企業の全国売上ランキングで上位1桁にランクインしていた。Fさんとアルバイトスタッフがすさまじい労働をしない限り、この結果は出るはずもない。過酷な労働状況のなかでもFさんは、「せっかく転職したのだから」「家族を守るために」と、自分を奮い立たせて働き続けたという。

後出しされた「固定残業代制」

待遇も嘘だらけだった。当初の説明と異なり、同社は残業代を一切支払わなかったのだ。入社してはじめて明かされた事実がある。月給の「総額26万円」の内訳が、「基本給18万円」と「職務手当8万円」となっており、その職務手当が残業代分として払われる「固定残業代制」だというのだ。

会社の主張は、「残業代として8万円も払っているのだから、それ以上は残業代を払わない」というものだったが、Fさんにとっては寝耳に水だった。Fさんは面接の際の会社幹部の発言を信じ、当然「26万円に加えて、働いた分の残業代がしっかり払われる」と思っていたからだ。結局、固定残業代を含む26万円の定額給与で、どれだけ残業しても「残業代ゼロ」という理不尽な状況を押しつけられてしまった。

体調不良で半年経たずバーンアウト

それだけではない。Fさんに対する会社の要求は、さらにエスカレートしていった。人手不足を解消できなかった同社は、深夜帯スタッフの不足を補うために、終電のあるアルバイトに対して、終電後も働くことを要求した。そして、仕事を終えたアルバイトを自宅まで車で送迎するよう、Fさんに命じたのだ。午前11時から出勤しているFさんが、深夜1時で上がったアルバイト数名をそれぞれ車で送り届けると、自分が帰宅するのは、深夜3時を回ってしまう。にもかかわらず、翌朝は8時半に起床し、9時には家を出なくてはならない。あまりの疲れから、アルバイトを送り届けた帰りに居眠り運転をしてしまい、赤信号をそのまま通過していたこともあったという。

このような状況が続き、ついにFさんは体調を崩してしまう。病院の診断書を提出し、5日ほど休職をすることになった。その後、体調が回復して復職したが、上司からねぎらいの言葉はなかった。それどころか、「なんで休んだんだ。おまえは使えない。見損なった」などと暴言を吐かれた。理不尽な仕打ちに耐え、休んでいた分を取り返そうと、Fさんはそれまで以上に働いた。しかし今度は心身ともに疲れ切り、朝、布団から起きることができなくなってしまった。しかし、それを知った上司は、Fさんの自宅に押しかけ、「今すぐ出勤しろ」と命じたという。

このような実態をつぶさに見ていた家族の強い説得もあり、Fさんは退職を決意するに至った。退職の意思を伝えた後、最終月の賃金をとりに行くと、上司は驚くべき対応をした。「急に店を休み、店長代行という職務に反するような行為を行ったから」という理由で、最終月の賃金から「職務手当8万円」を引いて構わないという誓約書にサインをするよう強要したのである。

Fさんは「家族のために」と、誓約書にサインして退職し、今は求職活動を再開している。

2 こんな求人票がアブない

様々な業界にはびこる求人詐欺。本章ではその具体的な手口を見ていこう。どの企業も一見、似たような書き方をしている求人票だが、よく見ると落とし穴が各所に潜んでいる。

世の中にはびこる謎だらけの求人票

そもそも求人票とは、就職活動中の人に向けて、企業が給与や労働時間などの労働条件を示すデータである。「募集要項」と呼ばれたり、就活サイトによっては「採用情報」「採用データ」と呼ばれたりするものだ。

たとえば、典型的な求人票の例として、下（図表1）のようなものがある。

求人票には、一般的に、雇用形態（正社

図表1　一般的な求人票

募集職種	総合職
初任給	大卒　210000円
諸手当	通勤手当、住宅手当など
昇給	年1回（4月）
賞与	年2回（6月・12月）
勤務地	本社、支店
勤務時間	9:00～18:00（実働8時間）
休日・休暇	完全週休2日制（土・日）、祝日、有休、夏季、年末年始、慶弔など
福利厚生	各種社会保険完備（雇用・労災・健康・厚生年金） 交通費支給（月3万円迄） 昼食代補助

員・契約社員・アルバイトなど）、仕事の内容、勤務地、給料、雇用期間、昇給賞与の有無、年間休日日数などが記載されている。右の求人票も、賃金（初任給）はもちろんのこと、諸手当の有無や勤務時間、休日や休暇に関する決まり、福利厚生などが書かれている。仕事内容を100％把握できるわけではないが、ある程度の労働条件がわかりやすくまとまっている。

しかし、知りたい情報が明確に記された求人票ばかりではない。たとえば、下（図表2）のような求人票も珍しくない。

この求人票には、まず、休日や休暇についての情報がどこにも書かれていない。給与と勤務時間についても不明な点が多い。たとえば、店舗の開店時間や閉店時間は書かれているが、実際に働く店舗でどの時間帯になるのかわから

図表2　よくあるあやしい求人票

募集職種	販売職
給与	大卒　230000円 (表示金額には30時間分の残業手当を含む)
昇給	年1回（4月）
賞与	年2回（6月・12月）
勤務時間	open 9:00〜11:00－close 19:00〜21:00 ※シフト制（上記時間範囲内にて店舗により異なる）

ない。シフト制とあっても、1日何時間働くか不明である。残業手当の説明も不十分だ。これでは就職した後、どのような働き方をし、給与をいくら手にできるのか見当がつかない。

しかし、世の中はこうしたよくわからない求人票であふれている。

一応、法律では、求人を行う際、仕事の内容、賃金、労働時間などを明示しなければいけないとされている（職業安定法 第五条の三）。しかし、何万件にも及ぶ求人情報を国がすべてチェックできるわけもなく、要件を満たさない求人票が、ほとんど野放しになっているのが実情だ。

「求人票」と「契約書」は違うことを利用

そして今はさらにひどい事態が横行している。一見、必要な情報が書かれたまともな求人票を出している企業でも、「求人詐欺を行う場合がある」ということだ。

どういうことか？　つまり、「求人票」と「契約書」は違うことを利用して、自分たちに都合のいい条件を、最終的に労働者に呑ませているのである。1章の事例でも、求人票に「～手当」といったあいまいな記述があって騙されてしまう場合と、そもそも書いていなかったことを後から「そういう契約だ」と一方的に告げられてしまう場合の2種類があった。後者では、求人票はもはや完全に無視されてしまっている。「求人票」はあくまで「人材募集のために労働条件を記した情報」である。そして実際にどういう働き方をするかという労働契約は、別途、「契約書」を交わしてはじめて成立する。その点を、彼らは利用するのである。

一人暮らしのアパートを借りるケースを想像してみよう。

アパートを探すときは、まず不動産会社の張り紙やホームページの「物件情報」を確認するだろう。そして、内見し入居の意思が固まれば、大家と入居者が契約書にそれぞれ判子を押す。このときの「契約書」には、入居の際の必要費用や、実際の入居日、問題が起こった場合の補償や費用負担など、具体的なことが詳細に書かれている。それに合意しサインした時点で、はじめて契約成立となる。

これに当てはめれば、「求人票」は、不動産会社に張られている「物件情報」と同じ扱いである。だから、実際に働く際には別途、「契約書」を作成し、働く側と企業とが、それぞれ最終的に合意する。

労働契約を結ぶ際は、会社側は、労働者が働く際の労働条件を、口頭ではなく書面で示さなければならない。これは、「労働基準法」で決まっていることだ。明記するのは次の6つである。

①労働契約の期間について（有期契約なのか、無期契約なのか）
②期間に定めのある雇用の場合、更新があるかどうかについて
③どこでどんな仕事をするのかについて
④仕事の時間や休みに関することについて
⑤賃金の支払いについて
⑥退職の際の手続きについて

求人票より条件が詳しい契約書を交わし、はじめて労働契約が成立する。

「あいまい求人型」と「話が違う契約強要型」

この求人票と契約書の違いを利用して、求人詐欺は行われる。求人票は若者を引き寄せるための「嘘」に過ぎず、後から別の契約書を出してくるのだ。問題は、この契約書が「内々定」や「内定」よりもずっと後に、ひどい場合には入社した後に結ばれる場合があるということなのだ。入社した後や、他社の内定を断った後では、もう引き返すことはできない。そうなると、嫌でもこの契約書にサインせざるを得ない。

このように求人詐欺には、あいまいな求人を出しておいて後からその解釈や細部を持ち出してくる「あいまい求人型」と、前触れもなしにまったく条件の違う契約書に後からサインを迫る「話が違う契約強要型」の二つがある。どちらも求人詐欺であることに変わりはないが、後者の「話が違う契約強要型」のほうが、前触れがない分、見抜くことは難しい。より悪質な手口だといってよいだろう。

よくある手口は4つ

もちろん、求人票と契約書が異なるからといって、実際の労働条件と全然違う内容を求人票に書くことは本来許されない。アパート探しで、「家賃5万円、共益費込み」の物件情報を見たのに、契約する段階で「家賃10万円、共益費1万円です」と言われたら、「詐欺だ。虚偽広告だ」と誰もが憤るだろう。

しかし、求人票＝契約書ではないのをいいことに、嘘の労働条件を書いた求人票で募集をかける企業が存在する。そして働く側が入社を決めてから、「うち、残業あるから。給料は残業代が含まれた額だから」などと、後出しで労働者を騙す企業が後を絶たない。何度も面接を重ね、いざ入社・契約という段階になって、いきなり求人票と違う内容でサインを求めるケースもある。

アパート探しなら別の物件を探しにいけばいいだけだが、就職・転職活動ではそうはいかない。内々定の段階では労働契約を書面で結ばずに、内定の段階（入社の半年前で、就職活動期間のピークは終わっている）で突然、まったく違う内容の契約書を出したり、入社後に契約書にサインをさせようとしたりする場合もある。繰り返しになるが、「求人票」で騙して学生を安心させておいて、いざ学生がこの企業に就職先を絞って選択肢がなくなると、別の内容の「契約書」を出してくるというわけだ。

転職者の場合には、今働いている会社に退職届を出したところで、新しい契約書を出してきたり、やはり入社後に契約書にサインを求めてきたりする。すでに会社に退職届を出していれば、後戻りできない。もう次の会社で働きはじめていれば、履歴書が「一ヵ月勤務で退職」となってしまうので、なおさら辞められない。これらを計算にいれて求人詐欺を行うのが、「契約強要型」なのである。

では求人票のどこに落とし穴があるのか？　よくある手口は、①給与の水増し　②正社員採用偽装　③幹部登用あり　④社長になれる、の4つである。

手口 1

給与の水増し――営業手当、残業手当、勤務手当等々（固定残業代制）

固定残業代制とは何か

給与は、就職先を考えるにあたってとくに気になるところだろう。しかし、求人詐欺で一番多いのが、この給与の水増しである。一例として、先に挙げた求人票を見てみよう。

この求人票（左ページ）の給与欄には「大卒　23万円」と書かれている。これだけを見ると初任給が23万円だと思うものだが、注意書きをよく見てほしい。「表示金額には30時間分の残業手当を含む」とカッコ付きで記載されている。つまり、この23万円のなかに30時間分の残業代があらかじめ含まれているから、30時間残業しても残業代は払わない、というのがカッコ内の意味なのだ。一定時間分の残業代があらかじめ固定（定額）で支払われるので、「固定残業代制」といわれている。

だが、ここで当然の疑問が湧いてくる。では、そもそもの基本給はいくらなのか？残業しないと給料は減るのか？　31時間残業したら、23万円以上払ってくれるのか？こういった疑問に答えてくれる情報が、ここには一切書かれていない。

実は、このような求人は、たとえ求人通りに契約を結んでも、法的に有効ではない。なぜなら、「残業手当を含む」と記載するのであれば、①そもそも残業代がいくらで、②何時間分の残業なのか、を明らかにしなければいけないからだ。かつ、③実際に超えた場合（30時間以上残業した場合）は、別途、追加で支払う義務が企業にはある。

この求人票は、②しか明らかではないので有効ではない。本来は、このまま契約したら、基本給は23万円、残業代はプラスアルファで支払われなければならない。

また、固定残業代制は「残業代含む」といった表現のほかにも、「営業手当」「現場手当」「ＯＪＴ手当」といった「手当」を巧みに使って表記している場合がある。１章の事例でも見たように、そうした「営業手当」などを後から残業代だと主張される場合もある。こうしたやり方についても、勝手に残業代の扱いにすることは法的に許されない。しかし、後から「残業代のことだった」と強弁する企業が後を絶たない。いずれにしても、中身がよくわからず、残業代の代わりになっていそうな「手当」が求人票に書かれ

図表2　よくあるあやしい求人票

募集職種	販売職
給与	大卒　230000円 (表示金額には30時間分の残業手当を含む)
昇給	年1回（4月）
賞与	年2回（6月・12月）
勤務時間	open 9:00〜11:00ーclose 19:00〜21:00 ※シフト制（上記時間範囲内にて店舗により異なる）

ていたら、注意が必要だ。

手当すら求人票に書かない企業

その一方で、固定残業代制の存在自体を隠し、求人票に記載すらしない企業も多い。ある運送会社の事例を挙げよう。

先ほど述べたように、そもそも求人に嘘を書いておき、後から契約を結ばせる「話が違う契約強要型」の手口だ。

case1

大学在学中に就職サイトを通じて応募した会社。サイトには「給与19万2000円」と書かれていた。しかし、新卒で入社し1ヵ月経って給与明細を見ると、「基本給16万円、固定残業代3万2000円（27時間分）」とある。おかしいと思って上司に確認すると、「もともとそうだ」と言われ、基本給16万円の契約書にサインするよう迫られた。

「給与　19万2000円」以外、何も書かれていなければ、誰もが「基本給が19万2000円」だと考えるのが普通だろう。そこに、実は残業代27時間分が含まれている、などと後から言われても、明らかな詐欺である。

企業の意図を推察すれば、初任給が16万円では給料が低くて新卒者が集まりそうにない、でも16万円しか払いたくないため、固定残業代を隠して給料を高く見せて募集をかけていたわけだ。

しかも、ひどいことに、入社後もそのことについて一切説明していない。それどころか、労働者が疑問を呈すと「もともとそれで募集していた」と事実と異なる主張をし、それに合意するよう契約書にサインを求めている。最初から最後まで、騙して人を入れようという戦略である。

他にも、「基本給30万円＋出来高　残業なし」という求人を見て入社すると、月150時間以上の残業を命じられたうえ、給料は「基本給15万円＋固定残業代15万円」だった、といった事例もある。求人票にも固定残業代についての記載はなく、面接でも説明がなかった。それにもかかわらず、一方的に給料の実に半分を残業代とし、月

150時間（30日働いても1日5時間の残業）という途方もなく長い残業を課している。厚生労働省が定める「過労死」のラインは、月80時間以上の残業である。

実際に、この固定残業代制を〝活用〟した企業では、過労死・過労自殺事件が引き起こされている。有名なのは、「日本海庄や」という外食居酒屋チェーンで働いていた男性（当時24歳）が、月300時間以上働かせられた結果、入社4ヵ月後に過労死してしまったという事例だ。

この会社は、ネットでは「月給19万4500円」で募集していたにもかかわらず、入社直後の研修で「80時間分の残業代が含まれている」と新入社員に説明していた（その後、裁判で会社の責任が認められている）。

今や、こうした違法な固定残業代制による「求人詐欺」は、爆発的な広がりを見せている。2014年に「ブラック企業対策プロジェクト」が実施した調査によると、ハローワークで見つけた求人180件のうち139件、実に77％が違法な内容だと確認されている。

図表3をご覧いただきたい。黒い部分が固定残業代を示している。A社とB社では、

図表3　固定残業代が明示されないと、見せかけの月給が高くなる

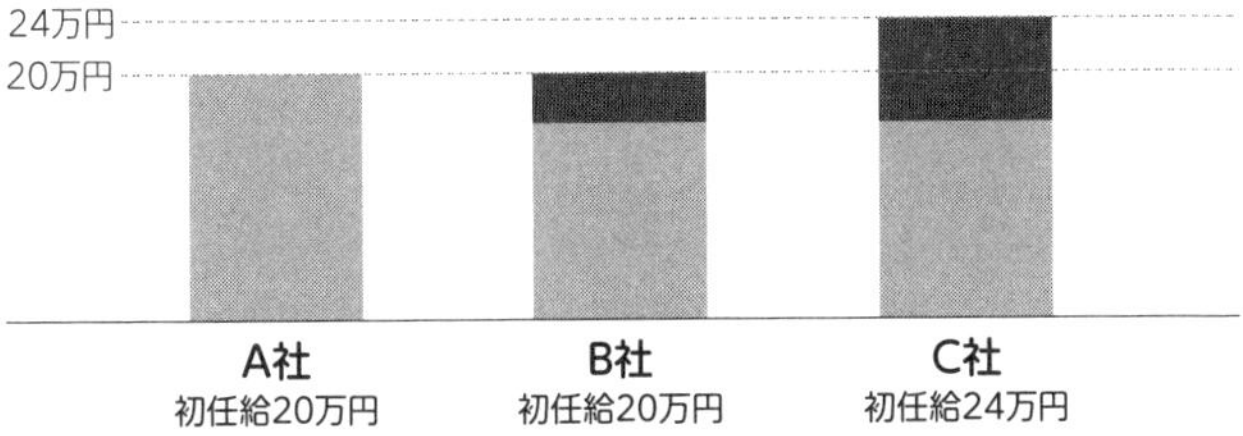

- A社とB社では、見た目は同じ賃金だが、実際はB社のほうが賃金は低い。
- A社とC社では、C社のほうが高賃金に見えるが、実際はC社のほうが賃金は低い。
- A社に比べ、B社・C社では、残業代の時間単価が低い。

作成：ブラック企業対策プロジェクト

見た目は同じ賃金だが、実際はB社のほうが賃金は低い。また、A社とC社では、C社のほうが高賃金に見えるが、実際はC社のほうが賃金は低い。

この3つの企業のなかで、「選ぶべき企業」は明らかにA社だ。それにもかかわらず、求人詐欺・固定残業代制が用いられると、本当は給与が高いA社が評価されず、B社、C社がよく見えてしまう。A社には人が集まらず、C社にばかり人が集まってしまう。本当に恐ろしい仕組みなのだ。

固定残業代制について、政府も対策を講じている。2015年9月に公布した「若者雇用促進法」の指針（同10月適用）では、募集の段階で、「固定残業代を除外した基本給の額、固定残業時間を超える時間外労働、休日労働及び深夜労働分についての割増賃金を追加で支払うこと等を明示すること」を義務づけている。「契約書」の前に、募集をする段階で、義務づけていることがポイントだ。

これが守られていれば詐欺はできないはずなのだが、詐欺企業は国の指針を平気で無視しているということになる。

＊給与欄に「残業手当を含む」という表記があれば、「基本給」や「残業時間」の記載を確認。本当の労働条件を探る

＊手当の有無をチェック。「ＯＪＴ手当」「役職手当」「現場手当」など内容が不明瞭な手当があれば、残業代の代わりにされる「固定残業代制」の可能性が高い

手口 2

正社員採用偽装——入社半年後正社員、見習い期間等々

正社員募集とあったのに、いつの間にか契約社員に

給料ではなく「雇用形態」に関して嘘をつく求人もある。雇用形態とは、正社員、契約社員、パート、アルバイトといった分類だ。一般的に、正社員は「期間の定めのない直接雇用（請負や派遣ではない）」とされている。

だが、「正社員」として募集しているのに、契約段階になって「最初の6ヵ月は契約社員／アルバイトだ」と言ってきたり、「見習い期間は時給900円」と勝手に求人と違う条件を提示してきたりするケースが後を絶たない。

また、そもそも求人票に正社員かどうかを記載しておらず、「新卒だから正社員だろう」と信頼して騙されることも多い。

case2

20代女性。ハローワークで「正社員、試用期間2ヵ月」という求人を見て応募したが、入社日直前に届いた採用通知書は「契約期間2ヵ月、正社員登用の可能性あり」と、2ヵ月の契約社員になっていた。会社に説明を求めても、「試用期間中は契約社員にしている。判子を押して持ってくるように」と言われた。

仕方なく契約書に判子を押し働きはじめたが、結局2ヵ月働いた後、「契約期間は満了したので明日から来なくていい」と告げられ、仕事を失った。理由は「能力不足」ということだが、何がどう悪かったのか見当もつかない。

このケースでは、「正社員」であったはずが、いつの間にか「契約社員」に変わっていた。企業にしてみれば、「正社員」として募集をかけて大量に人を集められ、都合のいいときに「契約期間満了です」と言って、簡単にクビにすることができる。

「がんばれば社員になれる」という思いを悪用

アルバイトや契約社員の期間は「試用期間」で、そこで成果を上げれば正社員になれると、後から説明するケースも多い。次は、百貨店などに観葉植物を装飾するグリーンディスプレイという会社で起こった過労事故死の事例である。

case3

大学卒業後、なかなか正社員の職を見つけられなかった20代男性が、ハローワークでグリーンディスプレイの求人に応募した。「新卒正社員募集・試用期間なし」とあった。

しかし、採用時に「試用期間はアルバイト。その後正社員登用の可能性あり」と、求人と異なる説明を受けた。被害者は正社員になるために必死に食らいつき、月100時間以上の残業や、1週間連続勤務といった過重労働を続けた。

翌年、正社員になったものの、その1ヵ月後、22時間連続勤務を終えて原付バイクで帰宅途中、長時間労働による極度の心身の疲労と睡眠不足によって電柱に衝突、事故死するに至った。

この会社も「正社員」で募集していたにもかかわらず、試用期間は「アルバイト」

にしていた。そして、「正社員になりたい」という働く側の気持ちを利用して、あたかも正社員になるための「予選」であるかのように、長時間働かせていた。

なお試用期間とは、すでに正社員としての契約が成立している段階であるので、労働者をアルバイトにできたり、企業が好き勝手に労働者をクビにできたりする期間ではない。

さらに悪質なケースもある。正社員募集があって入社したが、そこの社員になっていなかった、というケースだ。

case4

仙台市にある東北医療器械（当時）という大企業で働いていた20代のマッサージ師6人が、会社を相手に残業代などの支払いを求めた裁判を提訴した。

「正社員でボーナスが年2回、労働時間は1日7時間」という求人を、専門学校から紹介されて入社したが、実際には「正社員」どころか「社員」ですらなく、「個人事業主」扱いになっていた。ボーナスも出ず、労働時間は1日13時間以上。雇用保険や社会保険に加入できず残業代も未払いであったため、税金が支払えない人もいた。

このような労働実態のため、社員は次々と辞め、2010年に入社した新卒60人は、約3年で全員退職している。それにもかかわらず、専門学校は同社の「詐欺求人」を紹介し続けた。積極的に紹介した教員もいたという。


個人事業主とは、要するに自営業者のことである。会社は新卒を「社員として雇ったのではなく、仕事が入ったときにお願いしている取引先」として、一方的に扱っているのだ。こうすることによって、本来加入させなければいけない保険や年金などの支払い、残業代の支払いなどを回避しようとしたのである。

以前から、大手の保険会社の営業職（多くは女性）が、「委託契約」だと知らずに入社してしまうことが問題になっていた。

たとえば、保険外交員と呼ばれる太陽生命保険の営業職員は全員女性だったが、会社は雇用関係が明確でないという理由をつけて、雇用保険に加入させていなかった。雇用保険は、万が一、失業した場合に手当を受けられるよう、通常雇っている社員全員を加入させなければいけない。

しかし、委託契約であれば、社員として雇っていないので加入させなくてもよいことになっている。それを会社は悪用し、10年間働いていた女性を雇用保険に入れていなかった。しかも女性は、その事実を退職してはじめて知ったのだ（「雇用保険未加入を解決　全国の営業職員に影響　太陽生命」２００７年1月21日　高知民報）。

こうしたやり口はどんどん広がっている。「正社員だと思ったのに、実は正社員ではなかった」ということは、決して珍しい話ではない。

＊求人票の「試用期間」の記載をチェック。「試用期間中は契約社員」などと書かれている場合、「正社員採用偽装」の可能性が高い
＊「研修期間中の時給は○○円」という表記にも要注意
＊「研修期間」「試用期間」があえて記載されていたり、面接で「別待遇になる」という話が出たりしたら要警戒。そんなものか、と納得してはいけない

手口3 幹部登用あり――管理監督者、裁量労働制等々

新入社員なのに幹部候補生？ 甘い言葉にはウラがある

第3の手口は、「幹部候補」を偽装する方法だ。「あなたは幹部候補生だから、自分の裁量で仕事に取り組める」と言い、法的に残業代が発生しないかのように装う。残業代の支払い義務すら、もともと存在しないかのように説明するパターンである。具体的なケースを見ていこう。

case5

大学院を卒業して大手鉄道会社に就職した20代男性の例。この会社では、新卒は一般職採用と総合職採用の2種類があり、総合職採用は「ポテンシャル採用＝幹部候補生」とされていた。男性はそんな待遇を誇りに思いながら、幹部になることを目指して入社。ただし、幹部候補生は「自分の時間で取り組める」ので、残業代は出ないことになっていた。しかし、仕事は膨大にあり、毎日7時から23

時まで働かざるを得なかった。おかしいと思って上司に相談すると、「おまえはポテンシャル採用なんだからやれ」と言われ、断れない。

似たような事例は、居酒屋などの飲食業界やコンビニなどの小売業界、不動産業界に頻繁に見られる。「店長候補」「幹部候補」などといって、入社後すぐに管理職扱いにするのだ。成果で評価されると標榜する「年俸制」を採用しているケースも多い。そしてほとんどのケースにおいて、残業代は支払われないことが後で知らされる。

本当に、将来的に幹部にしようと会社が考えていたとしても、若手社員に残業代を支払わずに長時間労働させることは違法である。しかし、働く側の「幹部になりたい」「店長になりたい」という向上心を巧みに利用して、過重な責任や業務を意図的に押しつける会社もあるのだ。

「裁量労働制だから」「管理職だから」と残業代ゼロ

さらに最近増えているのが、「裁量労働制」や「管理監督者」といった、実際に法律で決まっている制度を悪用し、残業代を支払わないことを「合法だ」と装う企業である。裁量労働制とは、与えられた仕事の進め方について労働者自身が決められる場合、一定時間働いたとみなす制度である。いつ、どこで、何をするかを働く側が決められる裁量権のある場合にのみ、適用できる。

何時に出社し、どの仕事をどんなふうに行うか、何時に帰宅するかなど、自由に決めることができ、上司からも一切指示を受けない。15時に退社してデートに行こうが、出社せずに家で仕事をしようが、誰も文句を言わない。そういった働き方だ。

これが適用されれば、企業は残業代を実際に働いた通りに支払わなくてよいと、法律で決められている。しかし、本来「裁量労働的」な仕事をしていない人に対しても、違法に適用する企業が珍しくない。

case6

ゲーム会社に勤める20代の女性。「1日8時間労働したものとみなす」という専門業務型裁量労働制で入社した。しかし、朝10時に出社することが義務付けられ、遅刻すると、1時間あたり1000円の罰金がある。仕事量も膨大で、毎日23時まで働いている。残業代は一切出ていない。

このケースでは、裁量労働制であるにもかかわらず、勤務時間が決められ、遅刻すると罰金が科されている。

そもそも裁量労働制とは、いつどこで何をしても、仕事さえ期限通りに終えられればいい、とされる働き方だ。一方で、会社は労働者が何時間働いているかわからないため、「8時間働いていることにしましょう」とみなすという趣旨の制度である。

このケースのように何時から何時まで会社にいて、何をやっているか会社が把握できるなら、その分の労働時間に対応する金額を支払わなければならない。この場合は、あらかじめ長時間労働になるとわかっているが、残業代は払いたくないため、「裁量労働制」を違法に偽装しているのだ。

同じような脱法行為として「管理監督者」を悪用するケースがある。管理監督者とは、一言で言えば「会社と立場を同じくする人」のこと。たとえば、会社の株をたくさん持っていて経営にも口出しできる。給料も高く、ほとんどが役員といった人たちだ。管理監督者は、法律によって労働法の適用除外とされており、労働時間の規制もなければ残業代もない。これを新入社員に適用するケースが多々あるのだ。

case7

コンビニの店長候補で入社した男性。候補どころか、すぐに店舗に派遣され、店長に。毎日7時から22時まで働き、厳しい売上ノルマを課された。月100時間以上残業したが、管理監督者とみなされ残業代は一切出ない。長時間労働の結果、うつ病になったが、人手不足を理由に辞めさせてもらえなかった。

そもそもこの男性には、たとえば、新規出店をどこで行うか、ある商品をいくらで売るか、次年度に何人新卒を採用するかといった、会社全体の経営に携わる権限も与えられていない。会社の売上が上がったからといって、その分が給料に反映されるわけでもない。単に、上から一方的に売上ノルマを課され、それに基づいて働くだけである。明らかに管理監督者という制度を偽装した事例だ。

＊「店長候補」「幹部候補」「管理監督者」を売りにする求人は疑ってかかる
＊「裁量労働制」にも注意が必要。そもそも仕事も覚えられていない新人に、裁量させることに無理がある。企業の脱法目的で運用されるのが関の山
＊「みなし労働時間制」「みなし残業」といった、企業側が「みなす」規定があるかどうかにも注意。企業に都合よく「みなされ」、残業代が不払いになることも

手口 4

「社長になれる！」——独立できる、出来高制（自営業者）等々

机のシマごとに社長がいる会社

4つ目の手口として、「独立できる」「ゆくゆくは社長に」「完全実力主義（出来高制）」といった甘い言葉で誘うものがある。労働者の「独立したい」「自分の実力で勝

負したい」といった自意識につけ込むものだ。気をつけたいのは、「独立をサポートする」という体《てい》をとりながら、実際は、従業員を分社化した会社の社長にして責任を押し付け、業績が悪くなったらすぐに切る、という行為を繰り返す企業があることだ。

誰もが知る大手ＩＴ企業の子会社に勤める女性のケースを見てみよう。

case8

この会社では、同時期に採用された人が次々と「独立」し、それぞれが分社化した会社の「社長」として働いている。同じフロア内に「社長」が何十人もおり、手続き上はすべてバラバラの会社になっている。しかし、仕事自体は「親会社」＝勤務先から一方的に与えられ、自分で新しい仕事を見つけてくることはない。

実際にそれぞれの「社長」に裁量権はなく、すべて同じビルの「親会社」の命令によって動いている。しかし「社長だから、自分の力で結果を出せ」と言われ、業績を挙げられなくなると容赦なく契約解除になっていった。

なぜそんなことができるのかというと、労働法は、社長には適用されないからだ。

独立した会社の社長であれば、あくまで他の会社と「対等な立場」になる。

たとえば、自動車部品を製造している会社の社長に対して、自動車メーカーが仕事の指示を具体的に出すことはできないし、社長を解雇する権限もない。会社同士は「対等な関係」である。部品製造会社が自動車メーカーに不当に買い叩かれるなど理不尽なことがあったとしても、それは労働法で規制できる話ではない。

つまり、このIT企業は、「社長は労働法適用外」だということを利用して、残業代などの支払いを逃れるために、何十人もの分社化社長を作っているのである。

しかし、ここの「社長」は、一般的な会社と違い、一企業内の一デスクでしか仕事をすることができない。他の企業から仕事をとってくることもできない。「社長」とは名ばかりで、立場は非常に低いものである。

＊求人票の「出来高制」「成果に応じて給料が変動」といった言葉には注意が必要

＊雇用保険や労災保険への加入が確認できない場合もアブない。これらの保険は「社長」であれば加入させなくてよいため、悪用されやすい

3 求人詐欺の見抜き方

前章で、求人詐欺のよくある手口を紹介したが、実際、求人票だけで見分けるのには限界がある。問題なさそうな求人を見つけ、面接でも内容を確かめたのに、入社したら労働条件がまったく違っていたという「話が違う契約強制型」の求人詐欺もあるからだ。当然だが、他にも様々な経路を使って、企業情報を入手する必要がある。何をどう活用すればよいのだろうか?

ネット上のブラック企業情報をどう見るか

まず、情報を集めるのに手っ取り早いのは、インターネットだろう。ネット上にはいくつもブラック企業に関するまとめサイトがある。しかし基本的には、これらはあまり信用できない。匿名性が高く、誰がどういう情報に基づいて投稿しているのかがわからないし、真実かどうかを確かめようがない。なかには「ちょっとむかついた」というくらいで「ブラック企業」とネットに悪口を書いている場合もある。「ブラック企業偏差値」なるものも存在するが、客観的に参考にするデータとしては使えないと思ったほうがよい。

一方で、**記名のネット記事は信用性が高い。**新聞記事やその引用、雑誌の記事などである。こうした記事は、基本的に取材に基づいているため、でたらめである可能性は低い。**「元社員」などの記述の場合も、実名を名乗っているか、実際に裁判などの公的な場で問題としている場合には、信憑性《しんぴょうせい》が増してくる。**あるいは、労働組合や弁護士団体、NPOなど、社会的な団体が告発している場合には、それぞれの団体が事実を調べたうえで公表しているはずなので、信憑性は高い。

大学キャリアセンターでは直接、職員に聞く

大学の就職課やキャリアセンターを通じて、就職活動を行う学生は少なくない。就職ナビサイトと併用する人もいるだろう。大学のキャリアセンターに掲示されているものや、職員から紹介される求人は、信頼できるものだろうか。

結論から言うと、**大学ごとに、もっと言えばキャリアセンターの職員ごとに信用度は違う。**たとえば、玉川大学をはじめとした首都圏にあるいくつかの私立大学は、キャリアセンター同士が、問題ある求人を共有できるシステムを構築している。他に

も、大学間で情報共有したり、トラブルのある企業の求人を受け付けない、紹介しないという大学のキャリアセンターもある。

ただ、職員としては、仮に「詐欺の情報」を持っていても、一覧にして配ったりすると、「名誉毀損」で企業から訴えられてしまうかもしれない。そのため、情報は持っているが公表はできない。しかし、直接聞いてくれた学生には、「こっそり教える」場合もある。だから**職員に、「過去にトラブルがなかったか尋ねてみる」**ことも、**見分ける手段**になる。

しかし、詐欺情報を活用するかどうかは、個々の大学やキャリアセンター職員によって異なる。職員が問題を知りながら黙って会社を紹介する可能性も、ゼロではない。そもそも、求人詐欺を見分ける取り組み自体を行っていない学校もある。

そして残念ながら、苦情を言ったのに、何も対応をしてくれなかった大学キャリアセンターがあったことも事実だ。大学の紹介で入社した企業が求人詐欺を行っていたので、就活時に親身になってくれていたキャリアセンターに学生が相談に行ったところ、「社会人なんだから我慢したら」と言われてしまった。

さらには、就職率を上げるために、求人詐欺だとわかっている企業でも積極的に学生に紹介してしまう学校もある。今は入学希望者を集めるために、高い就職率を売りにしている大学や専門学校が多い。職員は、就職率を上げることに気をとられてしまっているのだ。大学を選ぶ際は、目先の就職率ではなく、求人詐欺の被害に遭わないようにどのようなサポートを行っているかということを、これからは学校選びの判断材料に含むべきだろう。

いずれにしても、全体的には、求人詐欺について真剣に取り組む学校が以前より増えている。私も、ここ数年、いくつもの私立大学のキャリア講座で「ブラック企業の見分け方」を講義させていただいている。だから学生は、積極的に職員に情報を求めていくとよいだろう。

同じことは転職者にもいえる。ハローワークや紹介会社の職員も、立場上、求人企業のネガティブな情報を公開することはできない。しかし、転職しようとする先が「詐欺企業」であれば、やはり苦情を聞いている可能性が高い。それを個人的に教えてくれるかどうかは、担当者の人間性次第なのだが、苦情がないかどうか、しつこく聞くことで情報が得られる可能性はある。

OBやOGに会うなら、親戚や知人友人

では、実際に会社で働いているOB、OGの情報はどうだろうか。

一部の企業では、いわゆる、リクルーターと呼ばれる採用担当者がおり、就職活動中の学生と個別に会ってリクルート活動（採用補助活動）を行っている。就活生が大学のキャリアセンターや知人のツテをたどって、OBやOG訪問のセッティングを希望することもあるだろう。しかし、こういった公のルートで就活生に接するOBやOGは、基本的に、会社の悪い話は言えないものだ。リクルートを目的に会社から派遣されているのだから、当然である。

同じOB・OGでも、たとえば親戚や友人といった、本音で話せる人であれば、本当の情報が聞ける可能性が高い。その際も、できれば客観的な労働条件を聞くとよい。「みんな熱心に仕事に取り組んでいる」とか「やりがいがある」といった話を聞いても、どういう働き方をするかはわからない。具体的な給料の額までは聞けなくとも、

何時くらいに帰るのか、土日は休めるのか、同期はどのくらい残っているのか、研修はどうかといった話を聞くといい。

そして**彼らの「言葉」と併せて「様子」も観察**する。仕事をはじめてから急にやせたり顔色が悪くなったり、これまで毎年参加していた家族や仲間のイベントに参加しなくなったりするといった行動は、一つの参考情報になるだろう。

企業説明会は、疑いを持つことが大事

企業説明会は、企業から話を直接聞ける貴重な機会である。ただ、やはり説明会は企業側のPRの場であることを忘れてはいけない。企業にとって不都合な情報が発信されることはない。労働条件について詳細に触れられること自体、稀である。

まともな企業であれば、先輩社員の労働時間や有休取得率、離職者数なども教えてくれる可能性もあるが、求人詐欺を行う企業にとっては、学生を騙す機会に他ならない。言葉巧みに、いかにこの会社が素晴らしく働きやすいかをアピールする。多くの学生や転職者を前に、一方的に企業のPRができるため、**説明会の情報は、真実と異**

なっている可能性が十分あることを認識しながら聞くべきだ。

まともな企業からすれば、説明を疑われるのは腹立たしいことだろう。聞いている側も、「疑うのは失礼だ」と思うかもしれない。しかし現に、「詐欺企業」は説明会に紛れ込んでいるのだから、学生や転職者にしてみれば、疑うことが予防策になる。こうして見ると、「詐欺企業」は他の企業からしても、本当に迷惑な存在である。

就職ナビサイトの情報も100％信用しない

リクナビやマイナビに代表される**就職ナビに掲載されている情報も、企業のPRだ**と考えたほうがよい。これまで見てきたように、就職ナビで見た求人に応募したところ、それが虚偽だったという事例は少なくない。実際に掲載されている求人情報も、ハローワークにある求人票よりも簡単になっている場合が多い。

もちろん、就職ナビサイトの情報がすべて嘘というわけではない。サイトのなかには、求人詐欺を取り締まるために相談窓口を設け、求人と実態が違う場合は求人を取り下げるという規定のあるサイトもある。ただ、なかなか実行力を持てていないのが現実なのだ。

というのも、就職ナビサイトにとって求人を掲載する企業は、「お客様」だからだ。サイトの顧客企業は、年間数十万円から百万円単位の掲載料を、就職ナビサイトに支払っている。求人掲載を拒否すると、就職ナビサイト側は顧客を1社失ってしまうことになる。これは積極的にやりたいことではないだろう。

また、1社1社の情報が事実かどうかを確認していく作業には、膨大な時間と人員、そしてお金がかかる。加えて「虚偽求人だ」という通報があり求人の掲載をストップした場合に、実はその通報が嘘だったと後から判明したら、大変なことになる。求人掲載を拒否された企業から、多額の損害賠償を請求される可能性もある。

このように、就職ナビサイトは積極的に求人詐欺にあたる情報を掲載したいわけでも、荷担したいわけでもない。しかし、労力やリスクの観点から、すべての求人詐欺情報の掲載を除外することは、やりたくてもできないのだ。これはハローワークでも事情は同じである。

国がしっかりと元凶の詐欺企業を取り締まっていないため、これらの業者にしわ寄せがきているともいえる。

こういった理由から、就職ナビサイトの情報にも、求人詐欺がいくらでも紛れ込めるようになっているのだ。

「客観的な企業データ」を必ず見る

最後に、見分ける決め手を紹介しよう。注目すべきは、「客観的な企業データ」である。

『就職四季報』という本がある。これは東洋経済新報社から出版されており、大企業中心の「総合版」や女性の働きやすさに注目した「女子版」、中小企業中心の「優良・中堅企業版」の3種類あり、どこの書店にも置いてある。

『就職四季報』がよいのは、企業のPR情報を載せるのではなく、入社した際の労働条件を予想するデータをいくつも示してくれている点だ。しかも、それらを独自に調査しており、企業にも直接ヒアリングを行っている。たとえば、『就職四季報』には、各企業の平均勤続年数や3年後離職率、有休消化年平均、月平均残業時間などが書かれている。

とくに注目したいのは「3年後離職率」。3年前に入社した新入社員の何パーセントがすでに辞めているかを表した数字だ。全員辞めていれば100％になり、誰も辞めていなければ0％となる。

もちろん、退職した全員が労働条件に不満があって辞めるわけではないだろう。ただ、長い就職活動を経て入社した会社を短期間で退職するとは考えにくく、離職率が高い企業は怪しいと考えたほうがよい。**同様に「平均勤続年数」があまりに短いのも注意が必要**だ。また、もしこれらの項目に「NA（ノーアンサー）」と書かれていれば、回答したくないという会社の意思表示として捉えることができる。これらの数字を、同業他社や他業種企業間で比較すれば、その会社の水準が明らかになる。

さらに、『就職四季報』は今年（2017年度版）から、「初任給」について巻末に、「内訳」の記入欄を設けた。これによって、残業代などが「込み」の求人情報は、ごまかすことができなくなった。実際に、たとえば2016年度版で「初任給　大卒30万円」と回答していた大手企業は、HPの募集要項では、「30万円～（月次）※20

14年度実績 月40時間を超えた時間外労働には、別途手当あり」と、初任給30万円に40時間分の固定残業代（それも判然としないのだが）を含んでいることをうかがわせる記述があった。ところが、『就職四季報』が初任給の内訳の回答を求め、巻末に掲載するようになった2017年度版では、東洋経済新報社からの調査依頼に回答しなかったのか、そもそもの企業情報の記載がなくなってしまったのである。

この情報欄の改革は、他のどの情報誌も手をつけなかったところにはじめてメスを入れた、とても画期的な取り組みだ。今後、同じように、月給の「内訳」を示すように、ハローワークや就職ナビも、求人票の形を変えるべきだと私は思う（私たちは政府にそうした働きかけを行っているところだ）。とはいえ、すぐには大きな変化は望めないだろう。だからこそ、当面は『就職四季報』の情報がとても貴重である。

『就職四季報』以外にも、**株主向けのIR情報をチェック**すれば、今後の経営方針を確認できる。新聞記事を検索し、過去に労働基準監督署が調査に入ったり、過労死事件が出てきたりすれば、それも判断材料になる。こうした**企業発信のものだけではない客観的なデータを読む**ことが、求人詐欺を見分けるもっとも有効な手段なのだ。

客観的なデータから企業を分析する方法は、「ブラック企業対策プロジェクト」のメンバーである法政大学の上西充子教授が、『ブラック企業の見分け方』で詳しく説明している。この冊子は、ホームページから無料でダウンロードできるので、ぜひ参考にしていただきたい（http://bktp.org/recognize）。

ヤバい会社にあたった後にも備えておく

求人票を見分けてブラック企業を回避できるに越したことはない。しかし求人詐欺を行う企業のやり口も、巧妙化してきている。そこで重要になってくるのが、**被害に遭った後うまく対応できるかどうか**である。会社のしていることは詐欺なのだから、きちんと主張すれば、騙された分の金額は取り返すことができる。

4 求人詐欺の対処法

ここからは、２章で紹介した４つの手口に即した対処法を見ていこう。

就活の新常識！　なるべく多くの記録を残しておく

具体的な対処法を見ていく前に、一つ重要なことを確認しておきたい。それは、これからの就職活動・転職活動においては、**必ず「会社とのやりとりのすべての記録」を保存しておかなければならない**ということだ。

はじめに見た求人情報は、掲示板であれば写真で撮る。ＰＣの画面であれば、スクリーンショットに撮るか、プリントアウトして保存しよう。また、契約書や就業条件明示書の書類は厳重に保管しよう。さらに、説明会や内定時の書面に関する会話のやりとりは、こっそり録音しておく。

とにかく就職までのすべてのやりとりを記録しておけば、自分の身を守る武器になる。後でも繰り返し述べるが、やりとりの録音は合法なので、何も気にする必要はない。車や家を買うのと同じで、売買の証拠がなければ後から文句を言うこともできない。そうした高額な買い物と同様、働く場所を決めることは重要な契約行為なのだから、すべての記録を残すべきなのだ。

対処法
1
給与の水増しがわかったら

固定残業代制はほぼ違法。残業代の未払い率が高い

残業代を固定にしても、本来は労働者が働いた時間分、会社には支払う義務がある。法律的にも、①何時間分の残業として ②いくらの金額がいくら支払われて ③決まった時間を超えた場合は追加で支払う、という記載が3つすべてあってはじめて有効になる。これらの記載が一つでもない場合は無効である。後から「実はこの手当が残業代だ」と伝えるのも無効だ。

固定残業代制をとっている会社があれば、残業代未払いがあると思ってよいだろう。では、具体的にどのようにして取り返せるかを見ていこう。

大前提は、契約書に合意しないこと

まず、大前提として、労働契約とは働く側と会社との「合意」であることが重要だ。なぜこれが重要かといえば、違う内容で「合意」してしまうと、そちらが契約の中身になってしまうからだ。

たとえば、2章で見た「case 1」では、労働者は「給与19万2000円」という記載を見て応募した。別途説明もないため、給料は「月19万2000円」で「合意した」といえる。しかし、その後会社は、「月額16万円＋固定残業代3万2000円」という新たな契約を持ち出して、合意するよう仕向けた。

もし、ここで「サイン＝合意」してしまえば、後者の条件を新たに受け入れたことになってしまい、後々争うのは難しくなる。だから、**自分の思っている条件より低い水準の条件を提示された場合、「絶対に合意しない」**ことが大切だ。

その場で契約書にサインしたり、「わかりました」とは言わず、「できません」、もしくは「家に帰って考えます」と言って保留にしよう。そして、すぐに本書の巻末で紹介している「労働側の専門家」に相談してほしい。労働側の専門家は事情に応じて、適切な対応法を模索してくれる。

サインさせられても諦める必要はない

また、実は、仮にサインをしてしまっても、それが無理やり結ばされたものであれば、後から無効を主張することもできるので、諦める必要はない。求人の内容がまったく違っていて、就職して働きはじめてから契約を結ばされたような場合には、そもそも選択の余地がなかったと考えられるからだ。したがって、後から未払い分の差額給与を請求することが可能である。

さらに、新たに結ばされた契約の内容に不備があれば、その点でも後から未払い分を請求することができる。すでに述べたように、「あいまい求人型」の求人票の内容はほとんどが無効なものだが、「話が違う契約強制型」で結ばされる契約の中身も、違法であることが大半を占めている。会社側は契約書をあいまいに書くことでごまかそうとするからだ。だが、あいまいに書かれているからこそ、それらは無効になり、もともと求人に書かれていた額との差額分を後から請求できるのだ。

このように、サインをさせられた後でも、とにかく専門家に相談することが大切だ。そして、こうした主張を効果的に行うためにも、次に見るように、とにかく記録をとっておくことが身を守る武器になる。

あらゆる証拠をとっておく

次に、そもそもどういう条件で「合意」したかを示せるように、会社とのやりとりをすべて証拠としてとっておくことが大切だ。冒頭でも述べたが、就職ナビや会社のホームページの求人を見て応募する場合は、**求人ページをプリントアウトして保管しておく。企業説明会のやりとりをメモ**にとっておく。**面接での会話をすべて録音**しておくことだ。

証拠はできるだけ客観的に判断できるものがよいので、録音がベストである。なお、自分と誰かの会話を録音するのは法的にまったく問題にならないし、盗聴にもあたらない。むしろ、裁判では録音が重要な証拠として採用されるケースが多い。メモをとる場合は、できるだけ詳細に、どういう状況で誰からどういう文言で言われたのかを記録しておくと、証拠としての精度が増す。

さらに、実際どのくらいの時間働いていたかの証拠も必要だ。会社にタイムカードがあったとしても、それは会社のものなので労働者が後から見ることは難しい。自分で証拠をとっておこう。**何時何分に出社し何時何分に退社したかを、毎日手帳にメモ**しておく。それだけしておけば、場合によっては、何百万円という未払い賃金を取り返すことができる。

他にも、パソコンのログの記録や、タイムカードが正確に打刻されているのであれば、それを写メに撮るのでもよい。過去の相談者のなかには、工場の門にある大時計を出社時と退社時に写真に写してそれを証拠にした人もいた。

なお、私が監修した『しごとダイアリー2』(堀之内出版、500円)という手帳は、こうした毎日の記録の方法を解説している。書き方さえ覚えれば、後は普通のメモ帳に同じように書いていくだけでよいので、ぜひ活用してほしい。とにかく記録を残す。これがもっとも重要なことだ。

辞めた後でも請求できる

証拠さえ揃えておけば、後は詐欺企業に対する「必勝」の方法が使える。それは数年働いて、辞めるとき（転職するとき）に一気に請求するという方法だ。賃金の時効は2年なので、**辞めた後でも少なくとも2年前の月分までさかのぼって請求することができる。**民法改正が今検討されているが、そうなれば時効が5年まで延びる可能性もある。いずれにしても、退職してからも騙された分の給与は請求できる。

仕事に就いているときに請求するのは躊躇《ちゅうちょ》してしまうかもしれないが、辞めた後なら、争いやすい。過去2年分の残業代が未払いになっているのであれば、かなりの金額が戻ってくることになる。不当に賃金を抑えられているのなら、辞めた後に請求できるよう、今から証拠を残しておこう。

未払いがいくらかを計算する

具体的にいくらの未払いがあるかは、どう計算すればいいのだろうか。

計算をはじめる前に、75ページの図表3のC社のところを、もう一度見てほしい。

あらかじめ、この図でおおまかな計算方法を簡単にいうと、この図の黒い部分（固定残業代）を足した24万円を、本来の「月給」として扱う。もちろん、1日8時間、週に40時間働いた分が「24万円」になる。そして、残業した時間は、24万円にプラスして支払われることになる。しかも、そのときの「1時間あたりの給与」は、月給を24万円で計算する。

計算の順番としては、①月給を時給に直す　②残業時間にあたる時間分の時給を出す　③残業時の時給と残業時間を掛けて、未払いを確定させる、という流れになる（参考：渡辺輝人『ワタミの初任給はなぜ日銀より高いのか？』旬報社）。

まず、①だが、月給○○万円を時給○○円に換算する必要がある。計算のもとになる「月給」には、手当込みの金額を入れる。

たとえば先ほどの「case 1」の場合だと、月16万円ではなく、月19万2000円が月給になる。なぜなら、働く側は、求人票にある通り、基本給19万2000円だと思っているので、そこにプラスアルファで残業代が支払われるべきだからである。過去の裁判でも、このように認められている。

そして、この月給を「1ヵ月あたりの労働時間」で割る。細かい計算は省略するが、これは最大でも173・8時間と法律で決まっているので、週休2日の場合は173・8時間で計算しよう。「case 1」の場合は、

192000（月給・円）÷ 173.8（1ヵ月あたりの労働時間）= 1104.72（時給・円）

となり、時給は1105円（1円未満は四捨五入）になる。

②の計算は簡単だ。①で計算した時給に、1・25を掛ければよい。これは、残業時間は通常の1・25倍の給料を支払わなければいけないと法律で決まっているからだ。「case 1」では、

1105（時給・円）× 1.25（規定の残業分上乗せ割合）= 1381（残業の時給・円）

となる。1381円が、残業している際の時給である。

そして③で、残業時の時給に、実際に残業した時間を掛ける。残業した時間とは、1日8時間以上働いた分と、1週間で40時間以上働いた分（たとえば、平日5日出勤した週に土曜日も出勤した場合）のことを指す。会社がどう言っているかではなく、8時間を超えたら残業として計算してよい。

これはもう、自分で1日ごとに数えて、1ヵ月に残業した時間を計算するしかない。

仮に「case 1」で、固定残業代分の27時間分を実際に残業として働いたとすると、

1381（残業の時給・円）×27（実際の残業時間）＝37287（未払い分・円／月）

となり、月3万7287円が未払いとなっている。

今回の計算では、わかりやすくするために簡素化したが、実際に残業代を請求する際には、これに利子や深夜割増残業代（これも時給の25％増し）などを、さらに追加して請求できるので、必ずこれ以上になる（複雑なので、実際に請求するときは、やはり専門家に相談するとよい）。

会社の未払いを取り返したCさん

私の団体に寄せられた相談で、実際に会社に請求して本来の残業代を支払わせた事例は多い。1章で紹介したCさんは、求人サイトに載っていた「月給20万円」を見て入社を決めたが、入社直前に届いた通知には、「基本給15万円／営業手当A 2万円、営業手当B 3万円」と記載されていた。そして入社後にはじめて、営業手当が「固定残業代」だと告げられた。明らかな求人詐欺である。しかも1日14時間働いたにもかかわらず、残業代は一切支給されていなかった。

そこで、会社に未払い残業代を請求したところ、会社は非を認め、全額を支払うことに合意した。Cさんは、**1日14時間働いた証拠として、シフト表の写メや、自分でつけていた労働時間のメモがあった**ため、会社も反論できなかった。

他にも、関東圏の給食施設で働く調理師の女性のこんな例がある。彼女は、「基本給19万7000円＋調整手当4万3000円」で、月給24万円の契約を結んで働きはじめた。多いときには1ヵ月に100時間以上残業したが、残業代は一切支払われなかった。理由を問いただすと、「調整手当が残業代です」と伝えられた。

そのようなことはこれまでまったく聞かされておらず、契約書にも書かれていないので、月24万円を基礎に割増し残業代を請求したところ、会社は最終的に全額支払うことに納得した。このケースでは、**出退勤の時間が記載されている勤務表をプリントアウトして持っていたため、残業時間を正確に割り出すことができた。**

これらのケースからも、固定残業代制の求人詐欺に遭っても、請求を諦める必要はないことがわかる。そして、何よりも重要なのは、できるだけ多くの証拠を集めておくということだ。証拠があれば、会社もごまかすことができなくなる。

対処法 2

正社員採用偽装をされ、ひどい待遇を受けたら

正社員は無期雇用が基本

正社員として入社したのに、「契約期間が満了したのでクビだ」などと突然言われ

ても、会社に異議申し立てすることはできる。「正社員」とは無期雇用（1年など期間に定めのある雇用ではない）だと一般的には理解されているから、期間満了もなければ、簡単にクビにすることもできない。

正社員だったと主張するために

しかし詐欺企業であれば、「契約期間が満了した」などと急に言い出してもおかしくない。そんなひどい事態に対処できるように、ちょっと怪しいと感じたら、「自分は最初から正社員で入社した」という証拠を残しておこう。それには、求人票がベストである。契約書がなくても、**求人票に「正社員」とあれば、それで「合意」したとわかる。**求人票をしっかりプリントアウトして残しておこう。

さらに、**内定までの面接、採用時の説明、契約書を交わした際のやりとりなども、すべて録音**しておこう。こうしておけば、「あのとき、3ヵ月だと説明したじゃないか」と会社が言ってきても、録音を聞くだけで反論できる。

これまでの分を録音できていなくても、これから録音しておけば十分に証拠として使うことができる。記憶をさかのぼって、面接時に何と言われたかをメモしておくだけでも意味がある。とにかくできるだけ多くの記録を残すことが大切である。

録音は、現時点で会社に問題がなさそうでも、やっておいたほうがよい。いきなり「もう明日でクビだ」と言われる可能性もあるので、予防するに越したことはない。何もなければ、会社を辞めた後に録音を消去すればよいだけだ。

ここでも実例を一つ見ておこう。

あるIT企業で働く女性は、「正社員」という求人を見て入社したにもかかわらず、時給850円のアルバイトとして契約を結ぶことを強制された。この会社は、正社員に対して「契約社員になれ」と詰め寄って、非正規として働かせることを頻繁に行っていたのだ。女性は入社時にアルバイトにさせられ、その後、正社員になったが、今度は突然、契約社員に変更させられた。労働時間も長く体を壊してしまったので、会社に対して責任を追及したところ、会社は慰謝料を支払うことに合意した。契約書などの証拠が残っていたことが決め手となった。

対処法 3

幹部、管理職は残業代が出ない、と言われたら

法律的な意味での「管理職」は少ない

「あなたは管理職だから残業代は出ない」などと言われても、諦める必要はまったくない。法律上の「管理職」に当てはまる人は、どの会社にもほとんどいないからだ。

会社が残業代を払わなくても法律で問題にならない人は、「管理監督者」と呼ばれる。これは、①経営に対する責任と権限があり、②勤務時間が自由で、③給料も高い人だけである（参考：ブラック企業被害対策弁護団『働く人のためのブラック企業被害対策Q＆A』弁護士会館ブックセンター出版部）。

新入社員や、月給20万〜30万円の人は、そもそも対象になっていない。「リーダー」「チーフ」「店長」「係長」といった役職が付いているからといって、対象になるわけでもない。本当に残業代を受け取らなくてもいい人は、トップ数人、社内のほんの数パーセントだけである。

管理職でも残業代を請求できる

そのため、「あなたは管理職だから」などと理由をつけられても、残業代を請求することができる。**管理職手当などすべて入れ込んだものを基本の月給として、固定残業代制の計算と同様に未払い残業代を割り出し、会社に請求する。**辞めるときにまとめて請求することも大丈夫だ。その際には、やはり証拠が重要になる。日頃から労働時間の記録を付けておくことが大切だ。

裁量労働制もほとんど違法

管理職と同様に、裁量労働制も多くのケースで違法だと言われている。

そもそも裁量労働制を導入する職場は、労働組合や労働者を代表する組織と約束を交わし、それを労働基準監督署に届け出なければいけない。まず、多くの詐欺企業はこれをやっていないので、それらの裁量労働制は無効になる。会社が「うちは手続きをしている」と言っても、単なる嘘の場合が多いので騙されてはいけない。

また、きちんと手続きを踏んでいても、実際の「裁量」がなければ、その時点で違法だ。裁量労働制には「専門業務型」と「企画業務型」の2種類があるが、いずれにしても、**上司が具体的なやり方や労働時間を指示している場合は、裁量労働制とは言えない**。会社に来なくても誰にも怒られない、仕事のやり方は全部自分で決める、そういった人が、本来の対象者となる。

名ばかりの裁量労働制なら取り戻せる

本来は、裁量労働制の対象者ではないのに、会社から一方的に言われ、**残業代を支払われなかった場合も取り返す**ことができる。

実際にあった事例を見てみよう。

京都のIT企業でプログラム業務を行っていたGさん（男性）は、裁量労働制ということで、うつ病になってしまうほどの長時間労働を強いられた。それなのに残業代は1円も支払われなかった。Gさんの給料の内訳は次のようになっていた。

「基本給15万円、職務手当5万8000円、技術手当10万2000円、役職手当50

00円、内部手当4万3000円。合計35万8000円」

残業代を計算するには、これらの「手当」をすべて含めて「月給」とし、35・8万円＋残業代になるように計算していい。

計算の仕方は、固定残業代制の場合と同じである。①時給を割り出すために、月給を月の労働時間で割る。そして、②時給に1・25を掛けて残業時の時給を算出する。最後に、③残業時の時給に残業時間を掛ければ、未払い残業代がわかる。

Gさんのケースなら、仮に月100時間の残業だったとすると、

358000（月給・円）÷173.8（1ヵ月あたりの労働時間）＝2060（時給・円）
→2060（時給・円）×1.25（規定の残業上乗せ割合）＝2575（時給・円）
→2575（残業の時給・円）×100（残業時間）＝257500（未払い分・円／月）

となる。これが、過去2年分であれば、残業代ひと月25万7500円×12ヵ月×2年＝618万円という額が戻ってくる計算だ。もし、過去5年分まで認められれば、

1542万円という多額の支払いになる。

実際に、裁判で争った結果、約600万円が残業代として認められ、会社が支払うことになった事例もある。

対処法4 「社長になってくれ」と強制的に独立させられたら

「独立してくれ」と言われたら要注意

努力が認められ、昇級するのはやぶさかではないが、「独立して、これからはその会社の社長としてがんばってくれ」などと言われた場合、どうすればよいだろうか。

これまで正社員として働いていた人に対して**「独立してくれ」と言うのは、別の言い方をすれば「いったん辞めてくれ」ということだ。**

「辞めてくれ」とは、法的に言えば「退職勧奨」にあたるが、これはあくまで「退職のお願い」に過ぎないので、断っても問題はない。断っているのにもかかわらず、あまりにしつこく「辞めてくれ」と迫るのは、「退職強要」といって違法行為にあたる。また、断ったことを理由に給料を減らしたり、別の部署に追いやったりするのも違法である。

もし強引に「独立」させられたら、違法解雇の可能性が高いので、**会社に対して解雇の無効や、場合によっては損害賠償などを求めることができる。**仮に「社長」になることに「合意」してしまったとしても、実際の働き方が「労働者」的であれば、残業代を請求できる。

「社長」になってしまっても、タイムカードで時間を管理されていたり、働く場所が制限されていたり、仕事内容が一方的に決められたりしていれば、社長とはいえないため、労働時間に応じて残業代を請求できるのだ。

過去に、会社が一方的に「君は社長だから」と言って残業代の支払いを拒否した事例が実際にあった。有名な牛丼チェーン「すき家」を運営するゼンショーのケースである。アルバイトが労働組合を通じて残業代を請求したところ、「うちはアルバイトを雇っておらず、みな個人事業主だ」と一方的な主張を展開したのだ。つまり、牛丼を盛り付けるフリーターやそれを客に出す学生アルバイトは、一人ひとりが「社長」である、というとんでもない理屈を言い出したのである。

もちろん、そのようなむちゃくちゃな主張が通るわけもない。労働組合が闘った結果、会社はアルバイト全員に過去にさかのぼって残業代を支払うことになった。「社長」にされたからといって、諦める必要はまったくないのである。

以上の「対処法」は求人詐欺に限定したものだ。求人詐欺だけではなく、そのほかの問題への対処法も知りたい方は、拙著『ヤバい会社の餌食にならないための労働法』(幻冬舎文庫)をぜひご一読いただきたい。条文や、ややこしいことは一切書いていない。とにかくわかりやすく、労働法の「使い方」を解説した本だ。本屋で立ち読みするだけでもすぐに使えるのでお勧めしておきたい。

5 オワハラに負けるな

新卒にも転職者にも起こり得る

近年話題になっている「オワハラ（就活終われハラスメント）」は、第一希望ではない企業から内定をもらった後、あるいはもらう際に、他社の選考の辞退を迫られるという問題である。新卒だけでなく、転職者の間でも起きている。２０１５年から使われはじめたこの言葉はまたたく間に広がり、同年の「新語・流行語大賞」にもノミネートされた。

文部科学省が２０１５年7月、全国82校の大学・短大を対象に行った調査によると、68％の大学で学生によるオワハラの相談が確認されており、前年の約45％から大きく増加しているという。

さらに同じ時期に、厚生労働大臣が「内定を出す条件として就職活動を終わらせるよう学生に強要するオワハラを行わないように」という趣旨の呼びかけを企業にするまでに至っている。

新卒でも転職者でも、働く人には「職業選択の自由」がある。自分を採用する意思を示した複数の会社のなかから、入社する会社を自由に選ぶことができる。だから、「今すぐ就職活動をやめて自社に入れ」と言うのは、立派な「ハラスメント」になる。

選考解禁の後ろ倒しがオワハラを加速させた

オワハラがこれだけ問題化した背景には、経団連が2013年に出した指針で、2016年度入社から、採用選考の開始時期を従来より遅らせたことにあると言われている。遅らせた理由は、大学生に学業に集中できる期間を確保することだった。

経団連の指針のなかで、例年は「採用広報解禁」が3年生の12月、「採用選考開始」は4年生の4月であったのだが、2016年度入社からはそれぞれ、3年生の翌年度3月「広報解禁」、4年生の8月「選考開始」と後ろ倒しにされた（図表4）。

問題は、この遅い時期に採用を開始するという約束を無視して、先行的に内定を出す企業が続出したことだ。

そもそも、外資系や中堅・中小企業など経団連に属さない企業は、この経団連の指針には無関係。とくにベンチャー系の新興企業などは、選考開始が4月以降となって

図表4　選考解禁日の変化とオワハラの関係

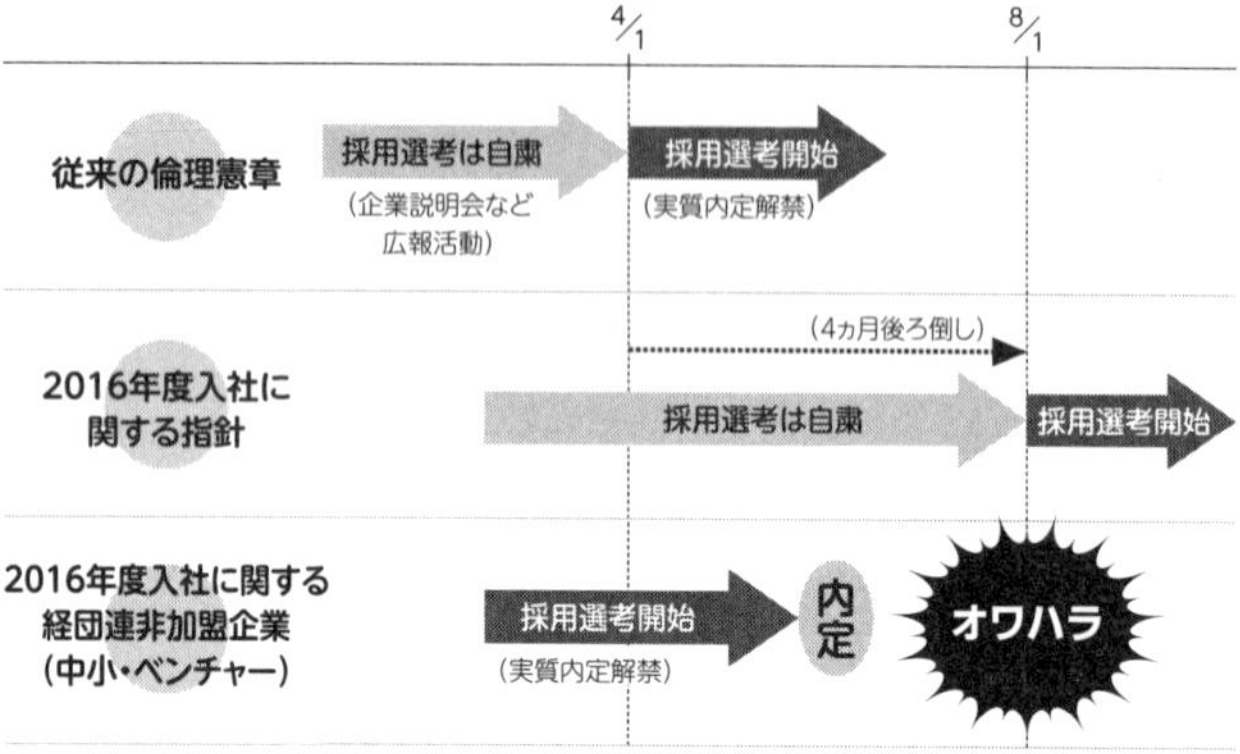

いたときから、大企業が内定を出すより前に選考を済ませ、優秀な学生の囲い込みに走っていた。

それに加えて、従来であれば、指針通りの採用活動をする大企業より後に選考をしていた中小企業までもが、早めの選考を行うようになった。

中小企業はこれまで、4月から採用活動をはじめる大手や、人気企業の選考が一段落した時期に、大手に行くことを断念した学生を含めて採用に乗り出しはじめていた。しかし、大手や人気企業の採用が後ろ倒しになったことにより、その終了を待っていると、10月の正式な内定解禁（指針のなか

図表5　選考解禁日が若干前倒しになって起こりそうなこと

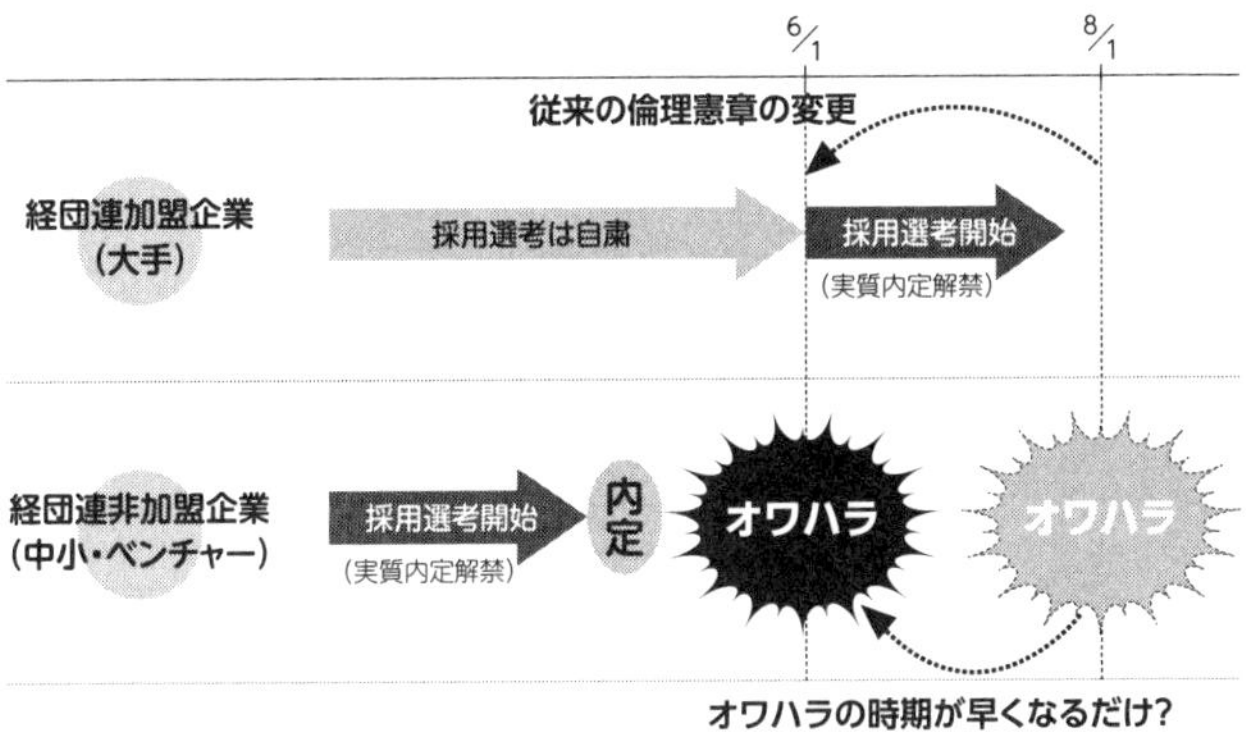

では、「正式」な内定は16年度入社もそれ以前も、10月からとされている。そのため、それより前に行われる実質的な内定は「内々定」と呼ばれることもある）に間に合わないという事態になった。

　そのため、中小企業のほうが先に選考をはじめる逆転現象が起きたというわけである。

　こうしたなかで、新興企業、中小企業が先に内定を出し、後から行われる大企業の採用に伴って、すでに内定を出した学生の辞退を阻止するために、オワハラが増えたと言われている（なお、2017年度入社については経団連の指針はまた変更された

（図表5）。これについては後述する」。

オワハラの3つのパターンとは

では実際にどのようなオワハラの実例があるのか。いくつか見てみよう。

2015年9月18日の「ダイヤモンド・オンライン」の記事のなかでは、オワハラのパターンが3つに分類されている。（ダイヤモンド・オンライン 2015年9月18日 この夏、就活生に軽蔑された「企業のオワハラ」事例集 http://diamond.jp/articles/-/78735）

内定が出る直前＝交渉型オワハラ
内定後＝日程束縛型オワハラ・同情型オワハラ
内定辞退＝脅迫型オワハラ

である。この分類はわかりやすいので、本章では、この記事の分類を参考に、POSSEへの相談事例なども含めて説明していくことにしよう。

type 1

「内定出すけど蹴らないよね?」交渉型・内定引き換え型

まずは、内定が出る直前に「就職活動の終了」を会社が求めてくる(交渉してくる)、「交渉型」である。

このパターンは、「内定と交換」で就職活動の終了を迫ることが多いので、「内定引き換え型」と呼んでもいいだろう。自社での内定を出す代わりに、他社での就職活動をやめさせるというわけだ。

● 理系の大学院生からのPOSSEへの相談。6月終わりに、ある企業から内定をもらうことになったが、その条件として「早く内定を承諾すること」「推薦状を大学の指導教官に書いてもらい提出すること」と言われた。返事を急かされたため、やむなく入社の意向を示したが、8月以降に面接がある大手企業のほうが第一希望のため就職活動は継続。大手から内定をもらったときに、6月に内定をもらった企業の内定を辞退できるかどうか、不安で仕方がない。

●最終面接の際、他企業の面接を受けているか聞かれた。素直に「あと1社受けてます。次が最終面接です」と言うと、「ウチに入りたいと決めているなら、その会社の最終面接に行くのはやめなよ。向こうも負担だし、僕らも内定出してから辞退されたら負担になるから」と言われ、「ね、行かないって約束するよね?」と決断を迫られた。（同ダイヤモンド・オンライン）

●専門商社に内定する前、数人の学生が都内のおしゃれな店に呼ばれ、社員5人ほどで食事。囲い込みだろうな、と思った。同じ会社で7月に「8月1日に内定を出す代わりに、他の会社は受けないで」と言われた。（「AERA」2015年9月7日）

この他にも、内定を出す代わりにその場で他の内定先に電話をかけさせて辞退させようとするケースや、内定先の会社の人の目の前で就職情報サイトから退会するよう言われたケースもあるという。

また、最終選考の前に「他社を辞退して就職活動をやめないなら、受けないで」と言われるといった、内定と引き換えどころか、面接の機会と引き換えに他社の内定辞退を迫るオワハラも、このパターンに含まれるだろう。

オワハラに関しては、内閣府も全国の学生に対して調査を行っている。オワハラを受けた経験について、大学生の20・6％が「ある」と回答しているのだが、実はそのなかでは、この「内々定を出す代わりに就職活動をやめるように強要された」というものが全体の83・7％で、突出して多かったという。

とにかく早く内定が欲しい学生にとっても、このような内定先からの交換条件は断りづらい。そうした気持ちを利用されているのだ。

type 2

「講習やイベント、当然出るよね？」拘束型

次は、直接的に就職活動をやめるよう指示はしないものの、他社の選考に参加できないよう入社前のイベントや研修などで拘束するケースだ。

● 7月初めに内定が出た企業。その後すぐ、内定者研修の通知が来た。それは、8月1日から4日間続く日程で、「内定者は必ず参加するように」と言われた。このあたりの日は、大手企業が面接などを一斉に行うので、研修に出るとそちらを受けられない。これもオワハラなのではないかと思った。（同ダイヤモンド・オンライン）

● 不動産系企業に内定。「宅建の勉強」という名目で、毎週1回、半日以上の講習を受けさせられている。まだ他社と迷っているが毎週参加している。（同「AERA」）

●5月にメガベンチャーに内定。結局は辞退したが、オフィス見学ツアーや野球観戦、月に1回の社員との懇親会など結構イベントが多かった。（同「AERA」）

直接的に選択を迫られたというものではないが、これも立派なオワハラである。すでに述べたように、経団連に加盟している多くの企業の選考日は重なっているケースが多い。それ以外の企業は、この状況を逆手にとって、意図的に他社の選考が固まる時期に内定者を拘束し、実質的に就職活動をストップさせるのだ。

この場合、企業としてはあくまで「参加は必須ではない」という名目で内定者向けの研修やイベントを行っていることが一般的だ。しかし、もしかすると唯一の内定先になるかもしれない企業の言うことに、少しでも逆らうことは、非常に勇気がいるだろう。

もしそれで「内定取り消し」（これは基本的に違法であるが）になってしまえば、元も子もない。いくら強制ではないといっても、言われたほうは、やはりそれ以上の就職活動ができなくなってしまう。この囲い込みは、結果的に働く人の将来の選択肢を狭めてしまうことになる。

type 3 「就職活動を継続しないと約束して」強制・脅迫型

最後に挙げるのは、先の2つのパターンとは違い、より脅迫の性格が強いものである。

●POSSEに来た首都圏の理系大学の学生からの相談。7月に、ある企業から内定の通知を受け取ったが、後日、大学の推薦状と内定受諾書を送ってくるように求められた。

●内定辞退の電話をしたら、担当の人から「君がウチの内定を辞退したら、今

後は君の大学から二度と学生を採用しない。それでも君は辞退するんだね？」と言われた。（同ダイヤモンド・オンライン）

●銀行に内定。「スーツ姿を見かけたら内定を取り消す」と言われた。（同「AERA」）

●大手情報通信会社から内定を得た。その際採用担当者から書類を渡され本人と保護者と大学の捺印を求められた。書類には「今後は就職活動を継続しないと誓います」との一文が添えられており、担当者からは「他社の説明会の予定があればキャンセルするように」と念をおされた。（「エコノミスト」2015年8月25日）

後述するように、**企業が行うオワハラは、法的には何の正当性もない**。基本的に「就職活動を終えてほしい」と、あくまで企業はお願いする立場なのだが、なかには、強硬に他社の選考を諦めさせようとしてくる会社もあるのだ。

「強制・脅迫型」のオワハラには、内定が決まった後に「内定を辞退しない」といった誓約書を書かせ、それを盾に入社を迫るものが多い。そしてその書類のなかに、「内定を辞退した場合損害賠償を請求する」といった文言が書かれているケースもあるという。

事例のなかで、大学の捺印を求めてくるものがあったが、これは理系の学生にとくに多いと言われている。いわゆる「推薦状の要求」である。大学や学科が出す推薦状を提出した後に内定を辞退すると、後輩に迷惑がかかると言われている。企業からすれば、推薦状を出させることに成功すれば、内定を辞退される可能性が極端に小さくなることになる。

もちろん、こうしたオワハラには法的な拘束力がなく、企業もそれをわかってやっている。しかしたいていの学生、あるいは転職者でも、十分な法的な知識もなく、内定先が見つかるかどうか不安な状態に追い込まれているため、こうしたオワハラが大きな力を持ってしまう。

2017年度入社以後もオワハラ問題は続く

経団連は、前回のような採用方法に対して、「オワハラの温床だ」との指摘を受け、2017年度入社から、新卒採用の日程を再度変更し、選考開始を6月に繰り上げた(図表5、131頁)。

しかし、このような小手先のルール変更では、オワハラはなくならないだろう。そもそも、経団連加盟企業であっても指針を守らない企業は多い。経団連の指針は強制力を持つものではない。

しかも、規定では面接してはいけない時期に「面談」と言い換えて実質的には選考をはじめたりするなど、抜け道はいくらでもある。実際、2015年も、「ジョブマッチング」「OB訪問会」「質問会」など、8月以前に行われる面接の「隠語」が学生に広まっていたようだ。

もっと重要なことは、このオワハラは、原理的にも、2015年だけの問題ではないということだ。昨今の人手不足のなか、企業は人材の獲得競争に追われているが、オワハラ問題とは、まさに、なるべく安い条件で企業が新入社員を採用しようとして起こってきていることなのだ。

「他社での就職活動を今すぐやめてほしい」と言う、ということは、企業はその人を「確実に採用したい」と考えている、ということだ。実際、内定をたくさんとっている学生は、それだけ優秀だということが一般的に言えるだろう。

原則的に考えれば、その人物を雇いたいなら、より高い労働条件、より高い賃金を示すべきである。それが労働市場の鉄則である。野球やサッカーの契約を想像してみてほしい。いい選手が少なければ、交渉で契約金額を上げていくしかない。

また、本来、オワハラなどしなくても、社員の募集の仕方はいくらでも工夫できるはずだ。たとえば、能力が必要な正社員の総合職は、とにかく賃金を高くして採用する。簡単な業務の職種なら、中途採用などで継続的に集めることもできるだろう。オワハラをせずに人材を補充する方法は、いくらでもある。

しかし、そういう努力を怠る企業の人事部は、一括採用の時期に、学生を脅したり騙したりして、なるべくコストをかけず、手間をかけず、採用しようとする。オワハラ問題は、就職活動の日程が問題の本質ではないのだ。もちろん、2015年だけの問題でもない。

学生は、本来であれば自由に就職活動をし、内定をたくさんとったうえで、一番条件のいい企業に入ればいいのだが、こんな単純なことができない。学生を囲い込んだり、脅したりすることで、低い労働条件のまま契約させるやり方が日本の企業のなかに定着してしまっている。

だからこそ、以前から、ベンチャーや中小企業などはオワハラを繰り返してきた。安い労働力を手間をかけずに一気に仕入れる、という考え方を企業が変えない限り、今後もオワハラは横行していくことだろう。

そして、このオワハラと求人詐欺はしばしば結びついている。最終面接で固定残業代制などの不利な条件を突然もちだし、しかも「他社の内定を辞退しろ」と迫る。この二つを同時に実行することで、本来の市場価格より「安く」新卒を採用しようとするのである。

泣き寝入りしないために

では、実際にオワハラを受けたら、どのように対処したらいいのだろうか。

まず覚えておいてほしいのが、企業がやっているオワハラは不当であり、違法であるということだ。

「就職活動の自由（職業選択の自由）」は、憲法上保障されている、極めて重大な権利であり、それを企業が妨害することはできない。もし、「内定の契約をしたのだから、おまえは辞めることができない」ということがまかり通れば、それは「強制労働」になってしまうだろう。

現代の日本では、労働者の意に反して働かせることは、絶対に認められないのである。だから、入社した後でも、基本的にはいつでも辞めていいことになっている。

とはいえ、実行に移すには勇気がいるのも事実だ。先の3つのパターンのオワハラへの対処法について、具体的に見ていくことにしよう。

「交渉型・内定引き換え型」への対処法

「内定と引き換えに他社での就職活動をやめてほしい」パターンのオワハラの場合、基本的には、**「他社での就職活動をやめた」と担当者には伝えつつ、ばれないように**

就職活動を続けておけばいいだろう。つまり、内定先企業には就職活動の継続を黙っていても問題はない。

そして受けた企業の選考が一段落した時点で、内定先をじっくり比べ、本当に行きたい会社以外の内定は辞退すればよい。何度も繰り返すが、学生が内定を辞退すること自体は、法的に何ら問題のない行為である。ただ、無用な**トラブルを避けるためにも、内定を辞退する際は、できるだけ早めにその意思を伝えたほうが無難**だろう。

会社への迷惑を気にしすぎて、焦って決める必要などまったくないのだということを知っておいてほしい。企業の側も、最終的に内定がとれなかった学生を、秋、冬にかけて二次募集することができるし、転職者を採用することもできる。気を使いすぎる必要はまったくない。企業が早期採用したいのは、優秀な人材を青田買いしたいからなわけで、その事情に学生側がつきあう義務はない。

そもそも、正社員として就職したとしても、「転職の自由」がある。誰も「転職してはいけない」などと言う人はいないだろう。それと同じで、内定をたくさんとってそのなかから選ぶことは、転職と同じように自由なのだ。社員が転職してしまったら、会社は新しい人を採用するか、転職しようとしている人に「もっと給料を出すから残ってほしい」と交渉すればいい。それが市場のルールというものだ。

一方、事例にあったように、すでに内定をとっていて、目の前で他社に電話をかけて内定を辞退するよう言われたなどという際は、うまくその場をごまかして乗り切る他はない。**オワハラをしている会社に入社する気がなければきっぱり断ればいい**し、迷っている場合には、その他社の内定・選考については断る意思があると伝えながら、**電話については「少し考えさせてください」「自分の気持ちを整理したタイミングで他社への電話はかけさせてほしい」などと粘る**しかない。そして、電話をかけて内定を辞退したと伝えればよいだろう。あるいは、そもそも他社の内定はとっていないと方便を使うことも一手である。

＊黙って就職活動を続けてよい→最後に行きたいところ以外を内定辞退→辞退された企業は二次募集を秋・冬にできるので問題ない

「拘束型」への対処法

他社の選考日と被せるような形で内定者向けのイベントや研修を入れてくるケースには、どう対応すればいいだろうか。

これについても、基本的に、他社の選考日程と被っていてそちらも受けたいのであれば、**すでに内定が出ている会社のイベントに行かず、選考中の企業の日程を優先させていい。**

実は、学生からの「内定辞退」は自由にできる一方で、企業側からの「内定取り消し」は簡単にはできないようになっている。内定取り消しが法的に可能になるのは、学生が大学を卒業できなかった場合や、詐欺や窃盗、殺人など重大な犯罪を犯した場合、業務に耐えられないほどの健康上の重大な問題が判明した場合などに限られている。内定前から明確に伝えられていて、常識の範囲内の負担で、しかも賃金が支払われていなければ「行く義務」がそもそも発生しないと考えられるのだ。

万が一、入社前の研修やイベントへの不参加を理由に内定を取り消してきた場合は、それこそかなりの確率で違法行為となるのである。イベントに行かないことで内定取り消しになったり、入社後に「パワハラ」を受けたりするようなことがあれば、それは違法行為である。そうした場合には、今度は不当な行為についての法的権利の行使を行うことができる（巻末の相談窓口一覧を参照）。

とはいえ、そうしたイベントに行かないことは、心理的にかなり後ろめたいところだろう。入社することになった場合、人事の印象が悪くなることも避けられない。印象が悪くなるのを覚悟で新しいチャンスを広げるか、それとも無難に諦めるか、そこはどちらかを選択せざるを得ないだろう。

＊無視して就職活動を続けることは可能→嫌がらせの可能性→その場合も違法行為になる可能性が高い

「強制・脅迫型」への対処法

最後に、より脅迫的にオワハラをされた場合への対処法である。

誓約書や損害賠償などと言われると、一見、何か法的な根拠があるように思えるかもしれないが、先ほど述べたように、こうしたものは、基本的に何も法的な効力を持たない。単なる脅しに過ぎないと思っていい。

誓約書を書いたとしても、その後も就職活動を続けたところでまったく問題ない。

そうして、より志望度の高い企業から内定を得た場合、**誓約書を出した企業に内定辞退を申し出ても構わない。**また、誓約書を書いた後に**内定辞退を申し出たことで「損害賠償を請求する」などと言ってきた場合も、そのような理由での損害賠償請求はまず認められない**から安心していい。

＊誓約書には法的効力がない↓無視してよい↓損害賠償を請求されても裁判では認められない

オワハラに簡単にびびらない

3つのパターンのオワハラへの対処法を見てきたが、共通することはやはり、オワハラには法的な正当性がないということである。このように書くと、会社のほうがひどく不利な印象を受けるかもしれない。だが、何度も繰り返すように、絶対に採用したければ、それだけ特別な条件をつけることが市場の原則だ。

もし仮に、引き留めるために超好待遇が提示されていて、企業側に「その新卒しかできない仕事なので、入社を前提に大きなプロジェクトが進んでしまった」といった事情があるような場合には、損害賠償が認められてくる可能性が、まったくないわけではないだろう。

だが、そんなケースはまずない。結局、オワハラが行われるのは、あくまでも、企業側が働く人間を低い条件のままで採用したいからに過ぎないのだ。

法的に根拠がない以上、オワハラに対処するにあたって重要になってくるのは、就職活動をしている人それぞれの心構えになる。オワハラに負けない心構えさえあれば、いくら採用担当者から圧力をかけられようが、誓約書にサインしようがしまいが、堂々と納得がいくまで就職活動を続けられる。

オワハラをするような企業は、そもそもまともか？

せっかく内定をくれた企業に対して、歯向かうような行動をとりたくないと思う人もいるかもしれない。また、「内定を辞退すると学校や後輩に迷惑がかかる」と悩んでしまうかもしれない。だが、冷静になって一度考えてみてほしいことがある。**オワハラによって圧力をかけてくる企業は、内定者を本当に大事にする気があるのかどうかということである。**

誰もが避けたいブラック企業には、大量に社員を採用し、長時間労働が横行する職場で働かせ、それに耐えられる社員を選別し、耐えられない者をパワハラなどで辞めさせるという特徴がある。

オワハラをするような企業も、本当に欲しい優秀な人材にだけ内定を出すというより、とりあえず多くの学生に内定を出して大量に入社させようという意図がある可能性もあるだろう。一人ひとりの社員を尊重し大事に育てるどころか、使い捨てのようにして、目先の利益だけを考えるブラック企業。そのような姿勢が、採用時にオワハラという形で表れているかもしれないのだ。

また、もし「優秀な人材が欲しい」と思っていたとしても、経団連加盟企業を出し抜いて青田買いしたうえで、就職活動を妨害するというのは、あまりにも身勝手だ。他の企業からしたら、そちらのほうがルール違反の企業ということになるだろう。

違法ではないからといっても、やはり企業に迷惑をかけるようで申し訳ない、と思った人も多いかもしれない。しかし**早期に選抜して自社に囲い込もうとするルール違反の企業に対しては、学生も、したたかに行動していい**と私は思う。一度しかない新卒での就職の機会だからこそ、働く側の権利を存分に活用してほしいと思うのだ。

企業の担当者への気遣いで、オワハラに屈してしまえば、最悪の場合、ブラック企業につかまって一生を棒に振ることになってしまう。だからこそ、自分の将来を考えて冷静な判断をし、オワハラに負けないでほしいと思う。

6

なぜこの業界は、労働者騙しが横行しやすいのか

産業別離職率の衝撃

２０１５年10月、厚労省は「新規学卒者の離職状況（平成24年3月卒業者の状況）」を発表した。これは、２０１２年3月に卒業した新規学卒者の卒業後3年以内の離職状況についてとりまとめたものである。

図表6は、新規大学卒業者の産業ごとの離職率を表したものだが、これを見ると、業種によって離職率に大きな差があることがわかる。■で表されたものが、全体平均32・3％を上回っている業種である。「その他」を除いた高い順に、「宿泊業、飲食サービス業」（53・2％）、「生活関連サービス業、娯楽業」（48・2％）、「教育、学習支援業」（47・6％）、「サービス業（他に分類されないもの）」（39・1％）、「小売業」（38・5％）、「医療、福祉」（38・0％）と続く。

新入社員の早期離職の増加については、様々な言われ方をしているが、その多くは離職原因を若者側に見出すものであった。「新入社員がすぐに辞めてしまう」「これだか

図表6　平成24年3月新規大学卒業者の産業別卒業3年後の離職率

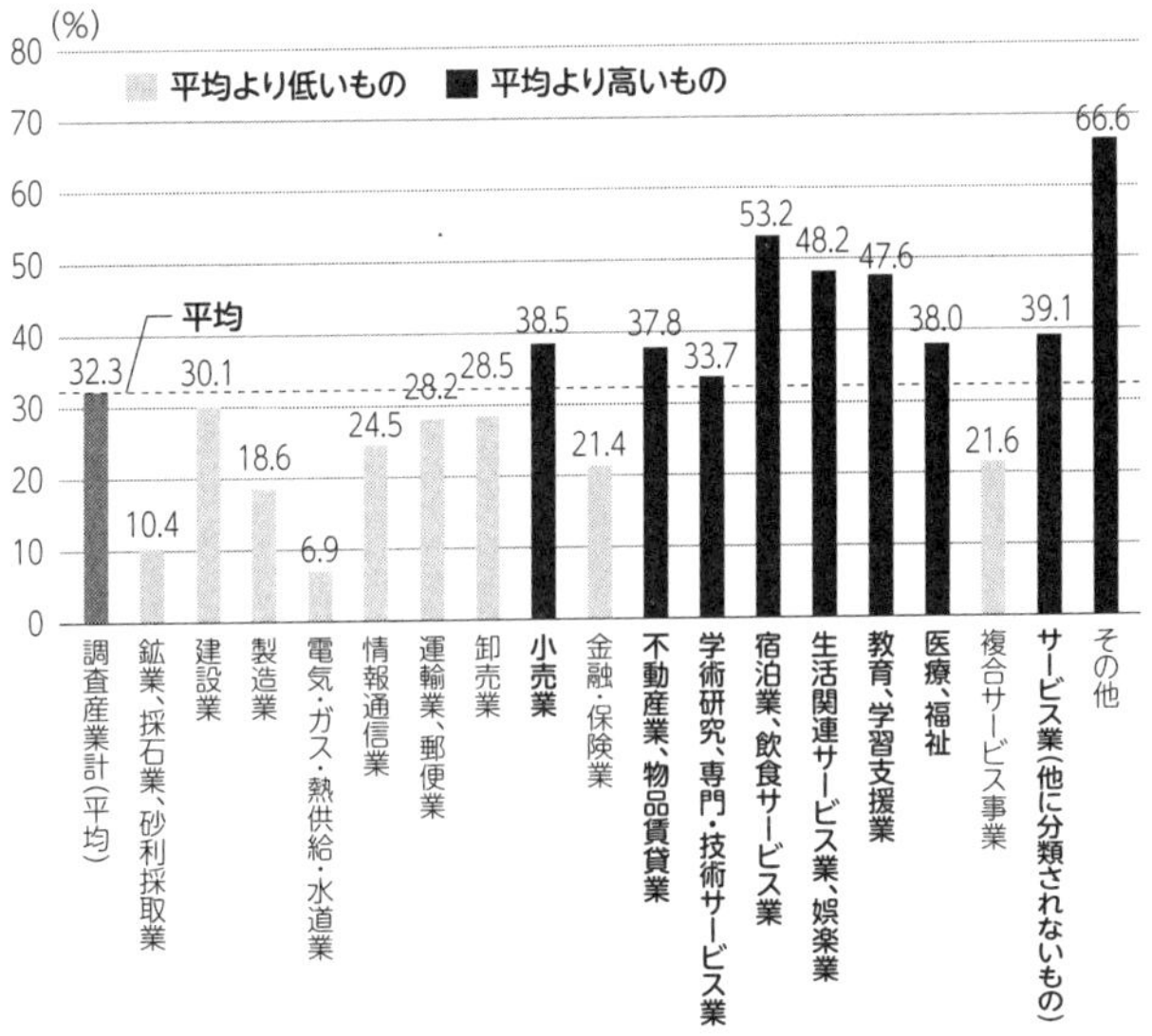

出所：厚生労働省、2015年、「新規学卒者の離職状況(平成24年3月卒業者の状況)」より

ら、ゆとり世代は……」。
こんな言説をメディアでもよく目にするだろう。甘やかされて育った若者が仕事の厳しさについていけず、すぐに辞めてしまうというのだ。

しかし、業種によって離職率に極端な差があることを明らかにしたこの統計は、むしろ、業界や職場のあり方に離職の原因がある可能性が高いことを示している。

サービス産業の労働集約型の罠

先に挙げた離職率の高い業種を一瞥《いちべつ》すると、サービス産業（商業を含む）の離職率が圧倒的に高いことに気がつく。新商品の開発や作業方法の改善による生産工程の効率化が利益の源泉となる製造業とは異なり、サービス産業においては、人件費を抑制することによって利益を生み出そうとする傾向が強い。

というのも、飲食店にしても、介護施設にしても、1店舗（施設）あたりの売上の増加には限界があるからだ。より利益を生み出そうとすれば、コストを削減するしかない。実際に、サービス産業は労働集約性が高く、売上に占める人件費の比率が高い。コストを削減するとなれば、この人件費の比率をいかに下げるかが企業にとって重要になるのだ。

また、サービス産業においては、人材育成のあり方も、製造業などとは大きく異なっている。

従来の日本型雇用において、各企業は、長期雇用を前提として企業内で人材育成を図り、高技能の労働者を育成することで、企業間競争を勝ち抜こうとしてきたと言われている。しかし、近年急成長を遂げたこれらの業種におけるサービスはマニュアル化、画一化が進み、単純労働と化している。とくに小売店や飲食店では大規模チェーン化が進み、仕事の中身もＩＴ技術による管理、流通システムの高度化によってほとんど工夫の余地がなくなっている。責任者の店長でさえ、その多くが数ヵ月間の勤務を経て任されているのが現状だ。

仕事が単純化・画一化したなかでは、人材を育成することが利益には結びつきにくい。経営者は、人材を育成し、質の高いサービスを提供することで利益を生み出すのではなく、むしろ、安く雇えるなら誰でもよく、たとえ辞めてしまってもまた雇えばよいという考えに至りやすい。

利益を生み出すために人件費を抑制したい。単純労働化が進むなかで、人材を育成する必要もない。こうしたなかで、長期雇用を前提とせずに若者を低賃金で雇い、辞めてしまったらまた補充するという、新しい労務管理の手法が普及している。

この構図が、これまで見てきた求人詐欺に結びつきやすいのだ。

慢性的な人手不足のなか、現状のような悪条件の募集では人材は集まらない。そのため、求人を偽装し、騙して採用しようとする企業が出てくる。

ただ、求人を偽装しても、実際の労働条件は劣悪であるために辞めてしまう者も多い。そのため、絶えず偽装した求人を出し続け、次々に人材を入れ替え、なんとか経営を維持するしかないというわけだ。

こうしたサービス産業の労働集約型の特性に加えて、それぞれの業種に独特の構図も存在する。

たとえば、近年、民営化が進んだ介護・保育といった業種では、一定の介護報酬や補助金のなかから利益を生み出す必要があり、絶えず人件費を削減する圧力が働く。小売業や外食産業においては、店舗間の低価格競争に加え、フランチャイズ本部が多くの利益を吸収するため、現場の店舗では人件費を抑制せざるを得ない。ＩＴ産業でも、下請構造のなかで決められた予算内で利益を生み出さざるを得ず、サービス残業がはびこりやすい。エステ業界では、ノルマに追われ休憩がとれないなど過酷な労働実態があり、こうした実態を隠すために求人詐欺が行われている。

このような問題を生みやすい代表的な業種について、業界独自の状況に着目しながら、労働者騙しが発生してしまう構図を見ていこう。

topic 1 介護業界はなぜ働く人に優しくないのか

低い労働条件、高い離職率

最初に見る業界は介護業界だ。

話の前提として、まず介護職の賃金について押さえておこう。賃金構造基本統計調査（２０１５年）によると、介護労働者（ホームヘルパー、福祉施設介護員など）の平均賃金は、21万４１００円となっており、これは全職種平均の30万４０００円と比べると、かなり低い。

また、介護業界は離職率も高く、１年間の離職率は16・５％にも上る。公益財団法人介護労働安定センターが行った調査によると、現役の介護労働者の42・３％が「仕事内容のわりに賃金が低い」といった不満を抱えており、労働条件の低さが、高い離職率に結びついていることがうかがえる。

では、なぜ介護労働者の賃金は低く抑えられているのだろうか。

制度の枠内で決められた利益構造

介護事業は介護保険制度のもとで運用されており、収益の上げ方が他の業界と少し違っている。

介護事業者にとっての収入源は、サービスの利用者から直接もらうのではなく、「介護報酬」の形をとる。介護報酬とは、国が介護サービス利用者の要介護度やサービスの内容、かかった時間によって、事業者に与えるお金をあらかじめ定めている制度である。つまり、サービスごとに値段が決められているのだ。

したがって、制度の枠のなかで得られる利益には限界がある。それでも、介護報酬の枠内で、より多くの利益を出すことを考えれば、一定額のサービスを、より低いコストで提供することにつきる。つまり「介護報酬－《マイナス》コスト＝利益」となる。そして、この「コスト」の大半を占めているのが労働者の賃金なのである。

だから、労働者一人ひとりをできるだけ長時間働かせ、たくさんのサービスを提供させ、しかも賃金を低く抑えようとする。会社が受け取る報酬の「上限」があるなかで利益を絞り出すために、労働者の低賃金化とサービス残業の強要が進められる傾向があるということだ。

こうした事情が、介護労働者の平均賃金の低さにも表れている。

介護報酬が上がっても意味がない

国も、この状況を改善しようとはしてきた。介護報酬を引き上げることで、低賃金を改善しようとした。介護報酬が増えれば、事業者の収入は増えるわけだから、労働者の賃金も改善するはずだと考えたのだ。しかし、結果はそうはならなかった。

次頁のグラフ（図表7）を見てもらいたい。実際に、2009年度と2012年度に介護報酬は上がっているにもかかわらず、労働者の賃金は上がっていない。

とくに営利法人においては、収入に占める給与費の割合が低いため、介護報酬を引

図表7　介護労働者(福祉施設介護員・ホームヘルパー)の年間給与額の推移(賞与含む)

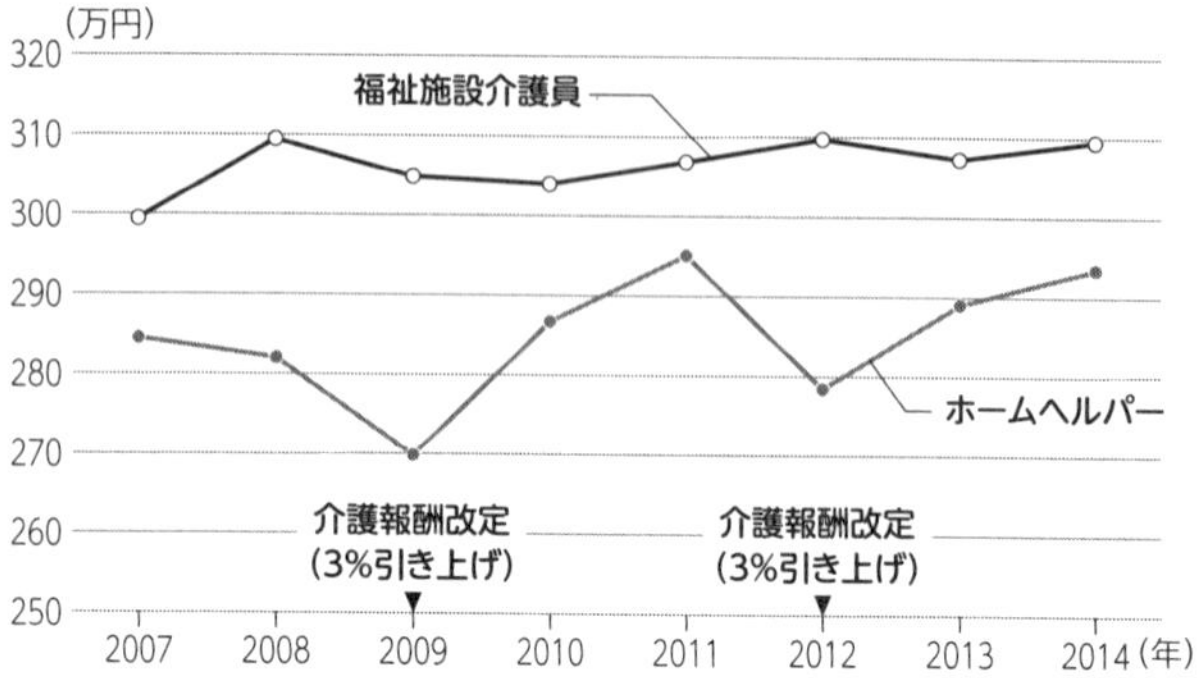

出所:厚生労働省、「賃金構造基本統計調査」各年調査より算出
(注1)「短時間労働者」を除く。
(注2)「きまって支給する給与額」に12を乗じ、「年間賞与その他特別給与額」を加えて年間給与額を算出した。

き上げても、それが労働者の給与水準の引き上げに連動していない。つまり、介護報酬が増えても、それを経営者がとるか労働者がとるか、という状況に陥り、結局は経営者の手に渡っているということだ。

いわば、一定額の介護報酬を、会社と労働者とで奪い合う状況となっているのだ。ただし、賃金や労働条件は基本的に会社が決めるため、「奪い合う」というよりは、労働者が一方的に「奪われている」というのが現状だ。

しかも、こうした奪い合いのなか

で、極端に利益を出す法人もある。営利企業はもとより、社会福祉法人でも、直接働いていない理事などの役員が高額の報酬を得て、現場の労働者の賃金を圧迫している事例は、たびたび新聞などでも報道されて問題になっているし、福祉関係者の間でも当然、問題視されてきた。

直接サービスを提供していない法人の理事や、介護会社の幹部や役員が年収1000万円以上をもらっている一方で、介護現場では月給20万円の若者がサービス残業、ボランティアの休日出勤まで命じられるといった職場もあるのが実情なのだ。

介護報酬をめぐる悪循環はこうして生まれる

さらに、労働者の賃金を引き下げかねない事情もある。

介護報酬を改定する際には、事業者の経営状況が考慮される。そのため「労働者の取り分を減らして」利益を上げた会社は、見かけの利益が大きくなるため、「経営状況がいい」と判断され、介護報酬が削減される可能性もある。

こうなると、「事業者が利益を出そうとして人件費を下げる→介護報酬を引き下げられる→さらに事業者が人件費を下げざるを得ない」といった悪循環も生じてしまうのである。

こうした構図のもとで、介護労働者の賃金は下げられ、長時間労働を強いられている。ただでさえ離職率が高いにもかかわらず、労働条件の悪さがそれに拍車をかけ、介護業界は人が集まりにくい状況となっている。先ほどの介護労働安定センターの調査で、事業者が挙げる「採用が困難な主な理由」のうち、「賃金が低い」が61％ともっとも高い割合を占めたことは、その象徴であろう。

「賃金が低いから人が集まらない、しかし賃金を上げることは構造的に難しい」。だから詐欺をしてでも、条件を高く見せるところが出てくるのだ。

topic 2

保育業界がぎりぎりの条件で運営している理由

大きな割合を占める人件費

介護現場と同様、保育士の賃金も低い。

賃金構造基本統計調査（２０１４年）によると、保育士の所定内給与額は20万９８００円で、全職種平均（29万９６００円）と比べて大きな差がある。２０００年代以降、政策的にも、保育士は正規雇用から非正規雇用への置き換えが進められ、東京都の認証保育所で働く保育士は、非常勤職員も含めて約９割が、月20万円以下の賃金との報告もある。

このような低賃金にもかかわらず、保育士に対する給与、つまり人件費は削減の対象とされている。保育事業においては、支出の７～８割が人件費だからである。厚労省の調査では、公立の保育所では85％、私立では70％となっている。

民間の認可保育所の場合、国や都道府県、市区町村から出される補助金で人件費を賄うため、この人件費を抑えることが直接的に利益を生み出す構造になっているのだ（認可外の場合は、原則として保護者の保育料によって運営されている）。

職員の配置基準で調整する現場

ただし、人件費を切り詰めるといっても、むやみに人員を削減することはできない。預かる子供の人数に対して必要な保育士の人数は、図表8のように定められている。

たとえば4~5歳児の場合、子供30人につき職員1人。この場合、30人に1人の労働者を配置するのがもっとも「合理的な経営」となる。31人の子供の場合には、2人の配置が必要になるが、これでは大きな損をすることになる。

なるべく、30人ぎりぎりにして、1人を配置したいということになる。

だが、この「基準ぎりぎり」の人員配置では、相当な無理を保育士が背負うことになる。休憩もなく、分刻みで様々な業務をこなすことを強いられる。

子供を預ける保護者の長時間労働に対応して延長保育ともなれば、それを保育士の

図表8　保育職員の配置基準

0歳児	子供3人につき職員1人
1～2歳児	子供6人につき職員1人
3歳児	子供20人につき職員1人
4～5歳児	子供30人につき職員1人

サービス残業でこなすことにもつながる。

さらに、『ルポ 保育崩壊』(小林美希著、岩波新書)によれば、この配置基準を守るために、「研修」の名目で、人員が足りないグループ内のあちこちの保育所に保育士を「ヘルプ」に出すケースもあるという。このため、保育士は休日もとれなくなってしまうことがある。極限まで少ない人数で、基準ぎりぎりに合わせるために、大きな負担が保育士にかかる。

こうしたぎりぎりの保育職場では、求人に記載されている労働時間や賃金などの労働条件を守ろうとしても、守れないことも少なくない。

ただ、休憩なしや休日出勤ありなどの条件を、そのまま求人に出しても人が集まるはずもないから、結果として、騙して労働者を雇い入れるという求人詐欺につながりがちなのだ。

topic 3

コンビニの人手不足は、もはや経営戦略の一部なのか

酷使される店長

コンビニ業界の労働環境については、SHOP99（現：ローソンストア100）で「名ばかり店長」として働いていた若者の過労うつ・残業代不払いの裁判や、ファミリーマートで複数店舗の店長を兼任していた社員の過労死事件の裁判が報道されており、過酷な状況が想起されるだろう。

小売業界で百貨店やスーパーが退潮傾向にあるなか、コンビニは業界のなかでも大きな存在感を示している。労働人口は2012年で約70万人と推計され、ここ10年で約10万人も就労人口が増えている（経済産業省「経済センサス活動調査」）。

だが、賃金構造基本統計調査（2015年）では、コンビニ従業員＝販売店員（百貨店店員を除く）の所定内給与額は、月額21万5100円ほどであり、全職種平均（30万4000円）と比べて低い。

また、実際にコンビニで働く店長は、長時間労働をするが残業代が支払われない「名ばかり店長」として酷使されていることが多いのだ。

人手不足と多店舗経営による負荷が大きい

コンビニの従業員の仕事は、レジ打ち、商品の品出し・発注、宅配便やメール便の受け取り・発送、公共料金の代行収納等、多岐にわたる。すべての業務を覚えるには一定の時間がかかるが、個々の業務は高い専門性を必要とするものではなく、コンビニの仕事はそれらが集積したようなものだ。そのため、新卒で入社した若者が、半年ほどで店長に抜擢《ばってき》されることも少なくない。

一方、店舗の8~9割を占めるのがアルバイト・パート従業員である。彼ら彼女らの給料は最低賃金に近い時給で設定されており、これが影響して、人手不足の問題が深刻である。あるアンケートでは、約90%の店舗が「人手不足」を感じているという。こうした状況が、若い店長に大きな負担をかけている。

1章で紹介した、新卒で入社した正社員も、求人を出してもアルバイトがなかなか集まらないため、シフトの穴埋めのために長時間労働をしたり、夜勤と日勤の不規則勤務を強いられたりしていた。

一般的な店舗運営では、正社員は店長1人で、他はアルバイトのみとなる。また、最近では、1人の店長が複数店舗の店長を兼任させられる経営手法も広がっている。企業は、より少ない正社員で複数店舗を管理させることによって、さらに人件費を削減できるからだ。もちろん、これは正社員労働者の長時間労働に拍車をかけている。

フランチャイズ経営で、加盟店が儲けられない構図

さらに、このような過酷な労働環境には、「フランチャイズ経営」のシステムが大きく影響している。

フランチャイズ経営とは、フランチャイザー（本部）が一定の条件でフランチャイジー（加盟店）に営業権を与え、その対価としてロイヤリティを受け取る契約形態のことをいう。

コンビニ業界はほとんどがフランチャイズ経営で成り立っており、本部による加盟

店の支配構造がたびたび問題になっている。

たとえば、本部は常に商品棚を埋めておくことを推奨するが、大量発注によって賞味期限が切れてしまった商品の廃棄費用は加盟店持ちになり、そうした廃棄が発生しそうになった場合に「見切り品」として値引き販売することも許されない。これが加盟店の利益を圧迫することが多い。また、あるコンビニチェーンでは、ロイヤリティとして、本部が粗利の半分以上を支払わせてしまう。

さらには、本部は加盟店の収支に占める人件費比率に口を出し、人件費が増えている店舗には抑制を求める。人件費（つまりは給与）の割合が高いということは、効率的に経費を販売に振り向けていない、と考えるからだろう。

このような本部の厳しい管理のもと、ぎりぎりの人員でないと利益が出ない加盟店にとっては、低賃金・長時間労働を隠すことでしか、従業員を集めることができないという構図がある。この構図が、求人詐欺を生み出していると言っても、決して言い過ぎではないだろう。

topic 4

飲食業界の働き方も闇が深い

コンビニとの共通性

飲食業界においても、居酒屋の和民にて働きはじめた26歳の女性がたった2ヵ月で過労自殺をしてしまった事件が有名だが、その他、日本海庄や、すかいらーくなどでも過労死事件が起きている。賃金についても、賃金構造基本統計調査（2015年）では、所定内給与額は月額20万3200円ほどであり、全職種平均（30万4000円）より10万円ほど低い。

飲食業界とコンビニ業界の働き方は類似する部分が多い。なかなか正社員・アルバイトが集まらず、深夜労働を含む不規則勤務も過酷で、フランチャイズ企業が多い。飲食業界においても、店舗における正社員は店長のみで、他の従業員は基本的にアルバイトである。

そして、その店長は、「管理監督者」として、長時間労働をしても残業代の支払われない「名ばかり店長」であることが多い。人手不足が叫ばれるなか、アルバイトのシフトの穴は正社員である店長が埋めることで、過重労働に陥りがちだ。

業務過多と深夜営業の負荷は大きい

飲食業界で働く労働者の仕事内容は、どのようなものだろうか。1章で紹介した飲食店の店長は、午前11時頃に店舗に出勤し、納品の受け取りや仕込み作業などを開店時間まで行っていた。開店後は、客の案内や注文をとるホールスタッフと、厨房で注文を受けて料理を作るキッチンスタッフ両方の人員の過不足を判断し、足りない場合は自らもすべての仕事を担っていた。仕事内容は比較的単純な労働が集積したものであり、飲食業界の場合も、入社後すぐに店長を任されることは珍しくない。業務のすべてがすぐに習得できるからこそ、任される業務に際限がなく（つまり、全部を任される）、1日中、必要とされる業務を次から次へとこなすような働き方になっていた。

居酒屋などの夜勤帯では、終電後に働ける従業員を確保することが難しく、とくに人手不足が深刻になる。

飲食業界の過酷な働かせ方も、フランチャイズ経営に起因するところが大きい。企業は本部の高いロイヤリティの支払いに圧迫され、人件費にコストを割くことができないことが多い。

こうして、長時間労働と残業代不払いの過酷な労働を、固定残業代制などで隠蔽《いんぺい》しなければ、採用も困難な企業が出てきてしまうのだ。

topic 5

ＩＴ業界がなかなか変われないのはなぜか

多重下請のピラミッド構造は変わらない

情報サービス産業（いわゆるＩＴ産業）では、多重下請構造が形成されており、経産省もしきりにこれを問題にしているが、長年、大きな改善は見られない。特定サービス産業実態調査（２０１４年）によると、ソフトウェア業では、従業員数10人未満

図表9　IT産業における多重下請構造

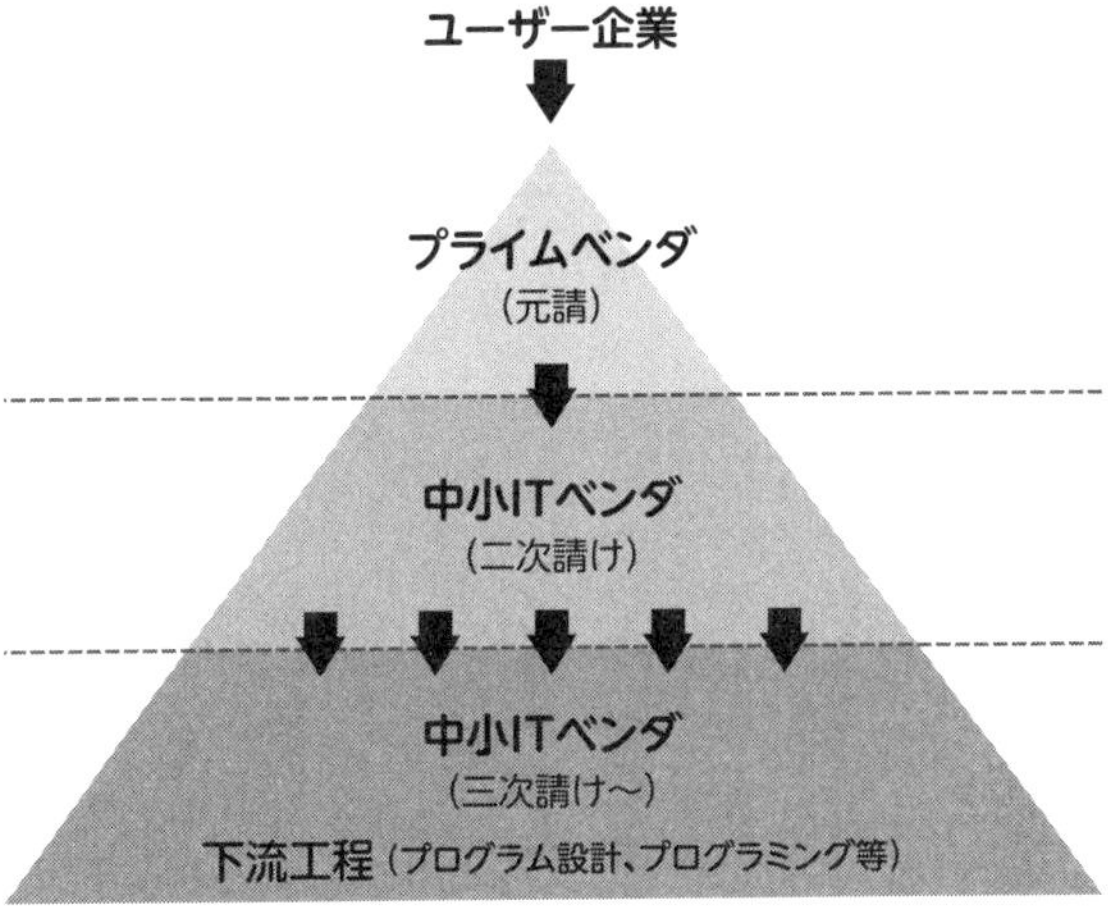

出所：経済産業省情報処理振興課
「IT産業における下請の現状・課題について」より、2015年3月

の事業所は全体の56・4％で、100人未満に広げると約9割を占めており、圧倒的多数が中小・零細企業からなる産業である。

多重下請構造は、一部の大企業を頂点として、その下に二次請け、三次請け、もしくはそれ以降の下請を担う企業が連なるピラミッド構造をイメージするとわかりやすい（図表9）。多くの中小企業は、この下請企業に位置する。

「人月（にんげつ）」という特殊な予算の形

こうした構造のもとでは、下請にあたる多くの中小・零細企業は、元請にあたる大企業から開発の仕様や手順などが決められており、さらに、予算についても、「人月（にんげつ）」という形で定められている。こうした関係は、日本の情報サービス産業に見られる特徴である。

この「人月」とは、1人が1ヵ月でこなす仕事の量を「人数×月」で表した単位である。たとえば、あるプロジェクトに10人で6ヵ月かかる場合であれば、「60人月（にんげつ）」と計算される。これに、「1（いち）人月（にんげつ）いくら」といった金額を掛けて委託費が計算される。このように、元請企業と下請企業の間では、「○人月に対していくら払う」といったように、契約が結ばれることとなる。

つまり、下請企業は、「仕事の量」と「コスト」が、あらかじめ元請企業との契約によって決定されているということだ。「仕事の量」が変わらないなかで、コストを下げるためには、仕事を効率化するか、人件費を削る以外にない。だが、すでに「人月」という契約の考え方に表れているように、要求される作業は定型的なものが多く、工夫によって効率を上げることには限界がある。そのうえ、その「人月」そのものの単価も、限界を超えて安く抑えられていることが多いのだ（下請企業の立場は弱いため）。

このような構造のなかでは、結局、労働者にサービス残業をさせることが解決策として選ばれがちだ。たとえば、同じ給料で、通常の2倍働く労働者がいれば、効率が上がらなくても「2人月」分の仕事をこなしてくれるというわけだ。

固定残業代制の手法が広がりやすいわけ

もともと、情報サービス産業も含まれる情報通信業では、所定外労働時間（つまり残業時間）が他産業に比べても長い。毎月勤労統計調査（2014年）によると、トラック運転手などの運輸業、郵便業（月29・1時間）の次に長く、月19・7時間と、長時間残業の産業であることがわかる（全産業平均は14・4時間）。

しかし、先に指摘したように、拠出できる人件費は元請企業との契約段階ですでに決まっているため、長時間に及ぶ残業に、その通りの手当を出すことは難しい。これが、ＩＴ産業において、これまで見てきた「固定残業代制」の手法が広がっている理由だと考えられる。「〇〇手当」という形で、一定の残業代を支払い、実質的なサービス残業を行わせる手法だ（3、4章参照）。

同業界に入った人からの「入社前に固定残業代制だとは知らなかった」という相談は非常に多い。入社してから、「月100時間の残業代が含まれる」といった契約書にサインさせられたという事例もある。また、裁量労働制の適用が多いことでも知られているが、適法ではない場合もかなりの割合に上るのが実情だ。

コストが圧迫されるなかで、残業が発生しやすい産業においては、典型的な求人詐欺の手法が行われやすい。

topic 6

エステ業界に過酷という言葉は似合わないはずが……

お客様本位の勤務形態が根本原因か

最後はエステ業界についてである。

エステ業は、「エステティックサロン」「ビューティーサロン」「スパ」など、様々な形態をとるが、これらに共通する特徴は、1対1の接客を求められるために、その勤務が客の「予約」によって決まるという点である。

他のサービス業では、基本的にはその日ごとの「シフト」が決まっていて、それに基づいて働いたり、休憩をとったりする。しかし、エステ業の場合には、シフトはその日来る客の都合に大きく左右される。そのため、予約が詰まっていれば、8時間も10時間も、一切休憩がとれないまま働くことになる場合もある。

もちろん、そのような客の予約も、会社がコントロールさえすれば、労働者が休憩も十分とることができるはずなのだが、少しでも利益を出すために、「客本位」の働かせ方になりがちなのが実際のところだ。

その結果、求人で「9：00～18：00、休憩1時間」などと書いてあっても、実際には、予約の状況によって、1時間の休憩もとれない事態が生じる。たくさん客が来た日には、その分、片付けなどにも時間がとられるため、残業がますます増えてしまう。

肉体労働としての側面とノルマの重圧

エステ業界はその華やかなイメージと違って、よく仕事自体が「肉体労働」だと言われている。エステ業界で働く労働者の95%は女性であるが、とくに女性にとって、大の大人の全身をマッサージすることは、かなりの力が必要になる。実際、自分の全体重を1点に集めるマッサージに休憩なしで従事することで、手首や腕を骨折する労働災害の事例も後を絶たない。

また、多くの会社では、ノルマが課せられている。接客数のノルマに加え、それ以外にも、化粧品などの物品販売のノルマもある。そのため、休む間も惜しんで客にセールスをしたり、場合によっては、ノルマのために自分で自社の商品を買ったりする、「自腹購入」が常態化していることも珍しくはない。

こうした過酷な職場環境を背景として、エステ業界は全体として離職率が高い。だからこそ、常に新しい人材を求めているのだが、多くの企業は「本当の条件」で求人票を書くことができない。実際が過酷だからである。「店舗ではノルマがあります」「お客様次第で残業時間が延びていきます」とは書けないだろう。

だから、1章のEさんの例で見たような求人詐欺が起こりやすくなる。業界のきらびやかな印象を使って、求人で「研修制度」「一生ものの技術」「将来の独立」「社会保険」といった文言で労働者を騙し、実際にはそれとまったく異なる過酷な労働を強いるケースが、残念ながらエステ業界では多く見られる。

それぞれ、業界の利益構造、あるいは労働市場の状況などから、求人詐欺を行いがちな企業の背景がわかっていただけただろうか。求人詐欺の問題は、単に一部のブラック企業だけが起こしているわけではなく、ある種の必然性を持っていると言える。だからこそ、就職・転職活動においては、「どの企業でも起こり得ること」という認識で備えておかなければならない。

しかし、繰り返しにはなるが、こうした求人詐欺に引っかかってしまったとしても、そこで諦める必要はない。

仮に、入社してから、基本給に「○○手当（△△時間分）」が含まれることがわかったとしても、自分で労働時間の記録をつけていれば、働いた分の賃金を取り返すことはできる。すぐに請求できなくても、会社を辞める際に、退職金代わりに、不払いになっていた賃金を請求することができるということも、しっかり覚えておいてほしい。

そして、そうした請求を行うことが、むしろ業界の体質改善につながると考えることも大切だ。きちんとした残業代の請求が当たり前になれば、下請け業者への支配も変わらざるを得ない。また、シフトが適切になされるように、もっと経営者が努力を行うことにもつながるだろう。だから、「業界の事情は仕方ない、自分が我慢するしかない」と考える必要はないのだ。

7

日本の労働市場に求められる新ルール

求人詐欺やオワハラは、待遇が低いまま新卒や中途採用者と契約する、ある種の労務管理のテクニックとして発展してきた。その背景には、人手不足のなかで労働者を騙し、安く長く働かせ、利益を最大化させたいという企業の思惑がある。だが、それでは労働市場は健全に機能しない。求人詐欺は、労働市場を撹乱し、日本社会全体に大きな問題を引き起こしている。

すでに厚労省には、年間1万2000件もの求人詐欺に対する苦情が寄せられているという。にもかかわらず、減少する気配はまったくない。この件数ですら、氷山の一角に過ぎないだろう。いったいなぜ求人詐欺はなくならないのか。どうすればなくすことができるのか。

労働者が「選択不能状態」にさせられている

これまで見てきたように、求人詐欺では、内定の段階や入社後になって、求人段階で聞いていなかった労働条件が提示される。新卒や転職者が合意したはずの労働条件が、実際の労働条件とは異なっているわけだが、これは、企業の一方的な「契約」の書き換えである。

これでは「契約」は意味を持たなくなる。その結果、**求職者は、よりよい企業を選ぶことができない「選択不能状態」**に陥る。

すべてが詐欺企業ではなくても、求人詐欺が紛れ込んでいるだけで不信感は広がり、選択は困難になる。今見ている求人情報や説明会の内容があてにならないのであれば、求人情報を比較すること自体に意味がなくなるのであり、もはや合理的に企業を選ぶことは不可能だ。

オワハラの場合も同様に、他企業へのエントリーや面接の機会を剥奪し、圧迫によって自社を優先させることで、労働者が「より高い条件を選択する」ことを困難にしている。やはり、労働者は「低い条件の契約を優先させられる」ことになる。

要するに、本来であれば「よりよい企業に人が集まり、劣悪な企業は淘汰される」という労働市場の機能が日本では詐欺によって妨害され、喪失しているのである。新卒や転職者が、よりよい企業を自由に選べない現実のなかで、個々人の就職・転職活動は、「ブラックボックス」のなかに飛び込むギャンブルのようなものになってしまっている。

「ギャンブル市場」の弊害

情報が嘘だらけの「ギャンブル市場」では、劣悪な企業が淘汰されることはない。よい企業が市場で生き残っていくということも起こらない。むしろ、騙すことばかりが巧みな劣悪な企業がますますはびこり続ける。

「ギャンブル市場」の弊害はそれだけではない、本来であればもっと成長できる企業や生産性の高い企業・産業で働けたはずの若者が、将来性のない、劣悪な企業や業界に引きずり込まれてしまうことにもなるのだ。たとえば、日本には「技術力はあるが後継者はいない」といった企業は多数存在する。まじめな企業であれば、求人票に「月給20万円」などと正直に書くだろう。

だが、それでは「月給30万円」と偽装されている単純労働のコンビニ・フランチャイズ正社員のほうが、条件面では魅力的に映ってしまう。

こうして、まじめな企業ほど人手不足が深刻化する。そのなかには、若手さえ採用できれば将来性のある企業も多数含まれているはずなのだ。また、技術を学べて将来性もある中堅製造業に就職できたかもしれない若手は、技術を学ぶこともできず、短期間のうちに使いつぶされてしまうのだ。

このように、求人詐欺は若者の将来性やチャンスをむしばむ（だからこそ、絶対に負けないでほしいと思う）。そしてそれだけではなく、日本経済の将来性にも暗い影を落としている。では、なぜ今、こんなにも日本の労働市場は機能しなくなってしまったのだろうか。

「労働力商品の特殊性」から考える

実はかねてから、労働市場を健全に機能させることは難しいといわれてきた。普通の商品と違い、「労働力商品の特殊性」が存在するからだ。

確かに、「労働力」の取引は、通常の「モノ」や「サービス」を売り買いする場合とは違っている。働くということを市場で売り買いするといっても、実際には、感情や生活を伴った「生身の人間」が当事者となる。こうした特徴のため、普通の「商品」

と「労働力商品」とでは次の3つの大きな違いがある。

「労働力商品」は第1に、保存がきかない。商品をため込んでおいて、あとでまとめて売ってやろう、ということが不可能だ。たとえば、今年は休んで力をためておいて、来年2倍にして売ろう、などということはできない。**むしろ休めば休むほど、労働者の就労の機会は失われていってしまう。**

そのため、企業と労働者は対等に契約を結ぶことができず、どうしても労働者側が不利になりがちなのである。

新卒の場合を考えても、いくつもの企業をじっくり選んでいる余裕はないことがわかる。「もうすぐ卒業するのに4月から働く会社がない」という状態は、とても焦らざるを得ない状態だ。

また、会社の求人がたとえ詐欺だとわかっても、なかなか辞めることができないだろう。転職に時間をとられ、就労の機会が滞ってしまうことは、それ自体が、働く側の「損失」になってしまうからだ。

第2に、**「労働力商品」は「生身の人間」と不可分であるために、移動の困難さを**

伴う。つまり、企業側からすれば労働力商品は遠隔取引のコストが高い。

たとえば、遠方によい求人があったとする。通常の「商品」であれば、必要なのは輸送の手筈だけだが、「人間」の場合には、引っ越しや各種手続きなど、膨大な事務的労力が発生する。地域を離れたくない、親戚や友人がいるといった気持ちの問題もある。それに移動先で家を借りるには、敷金や礼金といったお金もかかる。だから、労働者にとって遠方の求人に応募することは簡単ではない。一度引っ越して就職し、生活をはじめてしまうと、その仕事を辞めて新たに転職するのは、さらなる困難を伴う。

特殊性の第3は、雇用に含まれる上下関係である。**「雇用される」という契約関係には、すでに「会社の命令を聞かなければならない」という上下関係が成り立っている。**入社後に組織に従うことが、契約のなかに織り込まれているのだ。だから、一度就職すれば、普通の人間はその職場に順応していく。これは良くも悪くも、社会組織を運営していくうえでは当たり前のことなのだが、それが合理的に仕事を「選ぶ（転職する）」ことを難しくする。

このような事情から、そもそも「労働市場でよりよい企業を選ぶ」ことに難しい面があるのは否めない。

歴史的に見ても、騙して地方に連れていくといった手法は広く行われてきたし、現在でも世界中に人材ブローカーがいて、騙されて働かされている人は後を絶たないのが実情だ。

ただ、先進国で、求人詐欺のような事態が、新卒正社員にまでこれだけ広範に及んでいるというのは、やはり異様だと言わざるを得ない。

これらを踏まえたうえで、日本の求人詐欺の実情をあらためて見てみると、労働者側の不自由で不利になりやすい現状がさらに浮き彫りになる。

狙われる地方出身者

まず、詐欺企業は地方出身者を狙い撃ちにする。地方から引っ越してきたのなら、詐欺企業に遭ったとしてもなかなか辞めることはできない。たとえば、次のような事例だ。

case1

仙台の飲食系の専門学校から、学校の紹介で東京の食品製造会社に就職した女性の事例。求人では「基本給14万4００円」「皆勤手当1万円」とあったが、4月に入社し、口頭で説明を受けた際の雇用契約の内容は、「日給5２００円」。なぜか日給制になっていた。さらに「最低4年退職しないこと」という条件までついていた。

1ヵ月後、給与がさらに引き下げられ、日給4０００円に。上京して間もないため相談できる人が近くにおらず、おかしいと思いながらも働き続けた。以前通っていた仙台の専門学校の講師には打ち明けていたが、当初は「学校に紹介された会社だし、一人前になるまでがんばりたい」と考えていた。しかし結局その講師の勧めで、会社を辞める決心がついたという。

地方出身者は、自分の異変に気づいてサポートしてくれる家族や友人がすぐ近くにおらず、自分で騙されたことに気づいても、逃げ道が乏しい。そのため深刻な被害を受けることになってしまいがちなのだ。

奨学金返済が足かせに

生活のために仕事を辞めることができない実情も深刻だ。とくに近年、奨学金の返済問題で、若者が詐欺企業に縛りつけられている。

日本には、厳密な意味での奨学金制度（返さなくていい給付型）が存在しない。そのほとんどが、日本育英会を引き継いだ日本学生支援機構（ＪＡＳＳＯ）の提供している「貸与型」の奨学金だ。しかも、そのうち6割以上が「利子付き」である。奨学金を借りる学生が増えている理由は、大学学費の高騰に加え、親世帯の収入の減少により仕送りの額が低下しているからだ。だから、**少しくらい厳しい労働条件や、多少の求人詐欺があったとしても、奨学金という借金返済のために、辞めずに働かざるを得ない場合が多々ある。**

もちろん、奨学金の返済は、病気や経済的事情がある場合、猶予期間が設けられているのだが、その猶予期間には10年間の「上限」が設定されている。このため近年、取り立ての訴訟が激増している。返還請求訴訟の数は、58件（2004年）から、6193件（2012年）にまで急増しているのだ（東京新聞　2016年1月3日付）。

奨学金の取り立ては、業者に委託されており、容赦なく行われる。また、返済が滞ると金融機関に通知され、「ブラックリスト」に加えられる。こうなると、カードがつくれなくなるなど、日常生活にも支障を来すようになる。

奨学金を含め、生活の窮迫が、求人詐欺をはびこらせる一因であることは疑いようがないだろう。

責任感と倫理観ではめ込まれる

労働者の職場への「配慮」も見逃すことができない。

たとえ詐欺に遭っていても、簡単には仕事を放り出せないのが社会というもの。まじめな若者ほど、そうした社会の仕組み通りに行動することになる。

case2

アパレル会社で働く20代女性の事例。持病があったため、体調を考慮して勤務は9時〜17時という約束だったが、実際働きはじめると9時半〜21時半の勤務体系となっていた。月末日払いの給料は、毎回1週間ほど入金が遅れていた。欠勤や遅刻をすると1万円の罰金、その他店長によるセクハラもひどかった。2ヵ月後、店長に辞めたいと伝えると、「大人の筋としては3ヵ月、3年、5年勤めるのが当たり前だ」と言われ、辞められなかった。

「大人だったら」「社会人だったら」といった倫理観に訴えて、辞めさせないという典型例だ。とくに新卒や若い労働者を相手にすると、会社側はこのような言い方をするケースが少なくない。

自分が辞めると同じ職場の人が困るという現実も、責任感のある若者を悩ませる。

1章で紹介したコンビニ運営会社の事例がまさにそうだ。Cさんの店舗ではアルバイトが集まらず、万年人手不足。Cさんが退職したら、お店が回らなくなるような状況だった。しかし店長がCさんよりもさらに働いており、自分が辞めるとその店長が倒れてしまうことが容易に想像できた。だからこそ、心身ともにボロボロになりながらも、Cさんは簡単には辞めることができなかったのだ。

利用者が具体的にいて、自分が辞めると利用者が困ってしまうような場合はもっと厄介だ。学習塾や介護施設のような対人サービス業であれば、顧客に迷惑をかけることになる。

また、最近ではIT業界のような対企業サービスが広がっているが、そうした場合に辞めると、顧客先企業に損害を出してしまうかもしれない（だからといって労働者には賠償責任は発生しないが）。

詐欺に引っかかって入社したのに、仕事がはじまってしまうと、利用者や顧客企業のために辞めることができなくなり、「詐欺職場」に縛りつけられてしまうのだ。

詐欺なのに争えない。労働者側に多い負担

さらに、求人詐欺に遭った場合に、法的権利の行使が難しいという事情もある。

裁判で訴える場合、「会社が違法な詐欺行為を行い、自分の側に損害がある」とい

うことを、被害者の側が証明しなければならない。

そのような「実証」はとても難しいし、実現には時間や労力、そして費用がかかる。弁護士を雇うにもお金がいる。場合によっては、会社側が裁判で嘘の証言をし、話し合いを長引かせるといったこともある。そうなると、ますます費用はかさんでいく。

次の事例を見てほしい。

case3

塾の職員として新卒で正社員として雇われた女性の事例。入社した直後からサービス残業が月80時間ほどあり、辞めたいと言っても辞めさせてくれない。退職と未払い残業代を請求したところ、会社が雇った社会保険労務士が介入し、「そもそも基本給のなかに42時間分の残業代が含まれているので、残業代の支払いの義務はない」という主張をしはじめ、請求を拒んだ。当人は、そのような契約を結んだ記憶はない。

この会社の主張はまったくの虚構なのだが、実際のところ、新卒や若い労働者が証拠を集めて反論し続け、請求を実現することは難しい。それを逆手にとって、「わざと」やっているわけだ。

専門家である社会保険労務士がそうアドバイスをして、組織ぐるみで対策を練っている。いつまでも争っていられないという労働者側の弱点を戦略的に突いてくる。話し合いを長引かせ、労働者側に「面倒くさい」と思わせることで、訴訟を諦めさせることを狙うのだ。

これも、労働力商品の担い手である労働者は、生活がかかっているために、いつまでも争うことができないという事情から生じている。本来、「市場」とは対等な取引の場のはずだが、一方が詐欺を行っても、もう一方は文句を言いにくい状態なのだ。

取り締まりを放棄する政府と、自己責任論の愚

ここまで見てきたように、労働者は労働市場において構造的に弱い立場に置かれやすい。日本の社会事情もそれを助長している。だからこそ、求人の情報開示を企業に義務付けることで、労働者が騙されないように守らなければならない。それなのに国

は求人詐欺を放置している。

求人詐欺にまつわるルールとしては、職業安定法65条がある。そこでは「虚偽の広告をなし、又は虚偽の条件を呈示して、職業紹介、労働者の募集若しくは労働者の供給を行った者又はこれらに従事した者」には罰則が与えられるとされている。一見すると、法的に取り締まられているようだ。

ところが、所轄の厚労省によると、この法律が実際に適用された前例はないという。そもそも、労働基準監督署は65条については、後述する理由で、取り締まりの対象外としてしまっている。ハローワークは、こうした求人と実際の労働条件の乖離に関して調査の権限がない。そのため取り締まりようもない。要するに「国は取り締まっていない」のである。

また、入社後に契約を書き換えてしまう場合には、この職業安定法65条はそもそも適用されないと考えられている。つまり、「契約した人の自己責任」だとみなしてしまっているのだ。

ただ、もし国が取り締まろうとしても、企業側は「事情が変わっただけで、はじめから騙す気はなかった」と主張するだろう。あるいは、先のように「面接のときに言っていたはずだ」と嘘の主張をするかもしれない。そうすると、「詐欺の意図があった」ことを国が証明しなければ取り締まることができない。状況証拠を積み重ねていくにしても、1件1件に、とてつもない労力がかかる。国が取り締まっていない背景には、そうした事情もある。

だが、**そもそも求人票の「形式」を厳格に規制していれば、このような問題は起こらない。**あらかじめ、詳細な記載のない求人を認めないようにしておけば、「騙す気があったのか、なかったのか」の証明も楽になるし、そもそも詐欺がやりにくくなる。

適切な規制を設ければ、取り締まることも簡単になるのだ。残念ながら、国の怠慢は否定できないだろう。

崩れた日本型労働市場に求められる新ルール

労働条件などの情報が明らかにされず、求人詐欺やオワハラが横行する――これは「労働市場」の否定そのものである。先にも見たように、もともと力関係の非対称な労働市場では、適切な制度やルールなしに、市場が正常に機能することはない。

労働側に不利がある以上、情報公開を徹底するように、そして虚偽があった場合には罰せられるように、厳しい規制が求められる。**今日の日本型の就職・転職システムの機能不全を認め、新たなルールを策定することが、切実に求められている。**

一方で、日本社会では従来、企業に就職さえすれば、後は悪いようにはされないという「信頼」が根付いてきた。企業性善説に立ち、終身雇用・年功賃金を疑わない。契約書を作らない慣行も、2000年代初頭まで存在した。

だから、これまで日本の労働者は、「就職したら、文句を言わずにがんばりなさい。がんばっていれば必ず報われる」と教えられてきた。それは、今就職活動中の学生の親世代にとっては、ある種、リアリティーを持ってきただろう。だが、こうした認識が、今の求人詐欺を蔓延させている理由の一つになってしまっている。

これからの世代には、これまでの常識を捨てることが迫られている。労働者は企業の確かな情報を求め、「どこがよりましなのか」を徹底的に比較しなければ、自分の利益を守ることはできない。**「我慢して見返りを期待する文化」**から、**「企業を選ぶ文**

化」へ日本の就職・転職は変わっていく他ない。それが働く側の利益、生活や健康を守っていくためにどうしても必要なことだ。私はそうした意識を若い方に持ってほしいと思うし、この社会を生き抜くための「武器」を提供し続けていきたいと思っている。

詐欺の取り締まりは日本経済にとっても必須

よりよい企業を選ぶことができない現状は、日本経済全体にも悪影響を及ぼしている。よりよい企業をはっきりさせ、企業間でより待遇がよくなるよう、市場での競争が生じるように促すことが必要だ。

この、人材獲得のための競争は、企業の間での賃上げ競争ばかりを促すわけではない。企業が求人詐欺に頼らずに、より効率的で、より堅実な経営を競う道へと誘導することでもあるのだ。労働者の契約の比較による企業間競争は、企業の本当の意味での効率化（単なる人件費削減ではない。より効率的に人を働かせ、その分きちんとした報酬を支払うということ）を促すことになるからだ。

だから、就職・転職する側も、企業へ隷属するだけの意識をあらためる必要がある。まず、**気になる企業情報を要求することは、決して「図々しいこと」でも「自分勝手なこと」などではない。**自分自身のために必要なことだし、ひいては日本経済のためでもある。自信を持って堂々と情報を求めてほしい。

そしてもう一つ。**働く側には「時給計算の習慣」が必要だということを提起したい。**労働条件を常にシビアに考えるクセをつける。求職段階でも、入社後でも、退職後でも、「1時間あたり、自分はいくらで働いているのか」ということを、もっと多くの方に意識してもらいたい。

もちろん、すべての仕事が時間だけで評価できるわけではないが、自分の働いている時間と給与とを比較すると、本当に条件のいい企業を探す目線、今の企業との距離のとり方、自立心など、いろいろな意識も芽生えてくる。

自分を安売りすることもなくなり、求人詐欺を働く企業に、堂々とノーを突きつけることもできる。これからは、働く側も積極的に「1時間あたりの賃金」を意識すべき時代なのである。

国のやるべきことは簡単だ

国の役割も欠かせない。すでに述べたように、法規制によって「詐欺」を刑罰で取り締まることは難しい。だが、求人票の内容を詳細にさせることは簡単にできる。税金も、法改正も必要がない。

現状では、大学の場合には、求人票にフォーマットがないために、職員もまったく比較ができないと嘆いている。ハローワーク、情報提供会社（就職ナビ）、大学、それぞれの求人票の形式さえ整えられていない。

だから、国は求人を行う企業の採用情報はもとより、ハローワークや就職ナビの求人票の項目を厳密にするように徹底的に指導すべきだ。指導に従わない企業は「詐欺」だと一目でわかるようにすればいい。

その際に、先に見た『就職四季報』の例にならって、**月給の内訳の表示を義務付けること**は、有効な方法だろう。

すでに若者雇用促進法では固定残業代の明示を義務づけている。これを「求人票の形式」のレベルで当たり前にしてしまえばよいのだ。

また、求人票の内容と、契約の内容に齟齬が生じないように、ハローワークや就職ナビの求人票に、「この求人票の内容が契約の内容になります」、あるいは「この求人票よりも下回る契約は結びません」といったチェック欄を設けるのも一つの方法だ。このチェックがあれば、後から「契約は関係ない」という主張をするのはますます難しくなるし、チェックされていなければ「詐欺かもしれない」とわかりやすい。

さらに、求人票よりも契約の労働条件が低い場合には、企業側にどうしてもやむを得ない事情がある場合以外は、原則として求人票の内容を優先するように、新しい規制を設ける必要もあるだろう。

こうした国の規制の在り方について、私が共同代表を務める「ブラック企業対策プロジェクト」は政府・厚労省に提言

・基本給	（　　　　）	円
・（　　　）手当	（　　　　）	円

※基本給もしくは手当に固定残業代を（含む・含まない）

含む場合：

（　　　）時間分の時間外労働に対し、（　　　　）円の固定残業代を（基本給・（　　　　）手当）に含む

しているところだ。

右下の表のように、給与の欄を示すように徹底することが、すぐにできる有効な対策だと、私たちは考えている。


今も、多くの人が就職や転職で求人詐欺に遭い、そこから抜け出せずに人間らしさとほど遠い生活を送っている。学生たちの新しい就職活動が、またはじまろうとしているなか、1日も早く、求人詐欺のない社会になるよう、国も、企業も、努力していかなければならない。

本書が被害者の権利の回復と、「求人詐欺」撲滅のために、少しでも役立つことを願っている。

■無料労働相談先

NPO法人POSSE　☎03-6699-9359
soudan@npoposse.jp　http://www.npoposse.jp/
＊関東、関西、東北で主に活動していますが、その他の地域の相談も受け付けます。

総合サポートユニオン　☎03-6804-7245
info@sougou-u.jp　http://sougou-u.jp/

エステユニオン　☎03-6804-7650
info@esthe-union.com　http://esthe-union.com/

ブラック企業被害対策弁護団　☎03-3288-0112
http://black-taisaku-bengodan.jp/

日本労働弁護団　☎03-3251-5363
http://roudou-bengodan.org/

■無料ダウンロード資料

・ブラック企業対策プロジェクトのホームページより
（http://bktp.org/downloads）

「ブラック企業に就職するのが怖いけど、どうやって見分ければいいの?」
求人票や就職ナビサイト、『就職四季報』や雇用契約書からわかるブラック企業の特徴を、人材コンサルタントやキャリアデザイン学部の教授らが、大学生向けにわかりやすく解説した冊子。

「企業の募集要項、見ていますか？―こんな記載には要注意！―」
企業の募集要項から求人詐欺を見分ける方法を記し、万が一ブラック企業に入ってしまったときの対処法をまとめた冊子。弁護士や学者が協力して作成した。

「知っておきたい　内定・入社前後のトラブルと対処法」
内定取り消しや入社直前の労働条件の変更といった、内定時や入社前後に起こりやすい問題を紹介し、トラブルが生じた際の具体的な対策について弁護士や労働組合などがまとめた冊子。

「出社がつらいと思ったとき――会社をどう休む、病院でなんて言う」

ブラック企業に入ってしまい体調を崩してしまったときにどうやって会社を休むかという素朴な疑問に対する答えを、弁護士・社会福祉士・医療ソーシャルワーカーなどの専門家が紹介した冊子。

■参考文献

・小林美希『ルポ 保育崩壊』岩波新書（2015）
・今野晴貴『ブラック企業　日本を食いつぶす妖怪』文春新書（2012）
・今野晴貴『ヤバイ会社の餌食にならないための労働法』幻冬舎文庫（2013）
・今野晴貴『ブラック企業ビジネス』朝日新書（2013）
・今野晴貴・ブラック企業被害対策弁護団『ドキュメントブラック企業「手口」からわかる戦い方のすべて』ちくま文庫（2014）
・今野晴貴『ブラック企業２　「虐待型管理」の真相』文春新書（2015）
・今野晴貴・棗一郎・藤田孝典ほか『ブラック企業のない社会へ――教育・福祉・医療・企業にできること』岩波書店（2014）
・ブラック企業被害対策弁護団『働く人のための ブラック企業被害対策Q&A: 知っておきたい66の法律知識』弁護士会館ブックセンター出版部LABO（2013）
・森岡孝二・今野晴貴・佐々木亮『いのちが危ない残業代ゼロ制度』岩波書店（2014）
・渡辺輝人『ワタミの初任給はなぜ日銀より高いのか? ナベテル弁護士が教える残業代のカラクリ』旬報社（2014）

〈著者プロフィール〉
今野晴貴（こんの・はるき）
1983年仙台市生まれ。一橋大学大学院社会学研究科博士課程。NPO法人POSSE代表。ブラック企業対策プロジェクト共同代表。これまで2000件を超える労働・生活相談に関わる。「ブラック企業」で2013年流行語大賞トップテン受賞。著書に『ブラック企業——日本を食いつぶす妖怪』（文春新書、2012年、第13回大佛次郎論壇賞受賞 2013年）、『日本の「労働」はなぜ違法がまかり通るのか？』（星海社新書、2013年）などがある。

求人詐欺
内定後の落とし穴

2016年3月15日　第1刷発行

著　者　今野晴貴　NPO法人POSSE代表
発行人　見城 徹
編集人　福島広司

GENTOSHA

発行所　株式会社 幻冬舎
〒151-0051　東京都渋谷区千駄ヶ谷4-9-7
電話　03(5411)6211(編集)
03(5411)6222(営業)
振替00120-8-767643
印刷・製本所　株式会社 光邦

検印廃止

ISBN978-4-344-02914-9　C0095
幻冬舎ホームページアドレス　http://www.gentosha.co.jp/

この本に関するご意見・ご感想をメールでお寄せいただく場合は、
comment@gentosha.co.jpまで。